D1305789

Very Special Request

Reviews are very important to us, authors and really helps towards the success of our books. As a result, we can publish better books for you to enjoy.
It will only take you a couple of minutes and would mean the world to us!

This link will take you to our Amazon review page for this book:

sharpmynd.com/review1

As a thank you for leaving a review, we have a little gift for you at this link:

sharpmynd.com/bonus1

1 - Easy

	5	7		1	9		8	4
3				2		6	9	1
9		1						
	3		2		5		4	
			9		3	7		8
		6						9
			1	5			7	
	4	5	3		6	9	1	
1							6	

2 - Easy

			9	4	1		7	
			7	5	6	8	1	
9	1					6		4
5				8			6	
3	6	1	4				9	
							2	
	7	5		1			4	6
4			3				8	
	9		8		4	2		

3 - Easy

3		1	9				6	
	8	6			1			7
5	9							8
			4		2	6		
	1						2	
6		3		1				
	3	7	2		9		1	
1	4		8		3			
2	6			4	7	8	5	

4 - Easy

	1					3		
				7			9	
7	8	5	1	9		6	2	
	9	6		8		4		
8	7		5	1	4	9		
		4						
	5	1	4	3				9
	4			6		2		
9				5	1			3

5 - Easy

							3	1
			4	3		7		
7		6	2		8			
	8	1	6	4				
		2	7	8				
	9					8		
9				2		6		8
8	7	4	3	9		5		
								4

6 - Easy

9	2				5			
1			9		6			
			3			7		
8	6						1	
7			1	8				2
	1	9	5		4	8		
6	8	2		9	3			
	9	1	4			6		8
	5	7		1				9

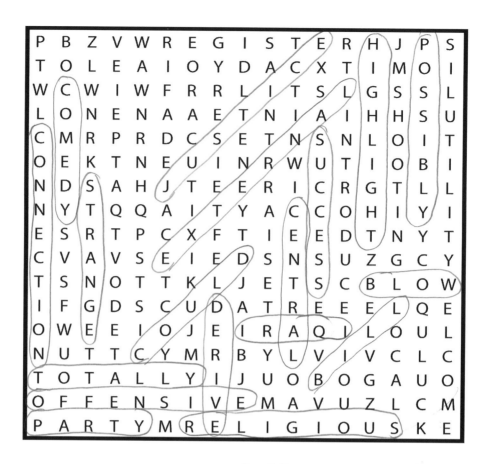

P	B	Z	V	W	R	E	G	I	S	T	E	R	H	J	P	S
T	O	L	E	A	I	O	Y	D	A	C	X	T	I	M	O	I
W	C	W	I	W	F	R	R	L	I	T	S	L	G	S	S	L
L	O	N	E	N	A	A	E	T	N	I	A	I	H	S	S	U
C	M	R	P	R	D	C	S	E	T	N	S	N	L	O	I	T
O	E	K	T	N	E	U	I	N	R	W	U	T	I	O	B	I
N	D	S	A	H	J	T	E	E	R	I	C	R	G	T	L	L
N	Y	T	Q	Q	A	I	T	Y	A	C	C	O	H	I	Y	I
E	S	R	T	P	C	X	F	T	I	E	E	D	T	N	Y	T
C	V	A	V	S	E	I	E	D	S	N	S	U	Z	G	C	Y
T	S	N	O	T	T	K	L	J	E	T	S	C	B	L	O	W
I	F	G	D	S	C	U	D	A	T	R	E	E	E	L	Q	E
O	W	E	E	I	O	J	E	I	R	A	Q	I	L	O	U	L
N	U	T	T	C	Y	M	R	B	Y	L	V	I	V	C	L	C
T	O	T	A	L	L	Y	I	J	U	O	B	O	G	A	U	O
O	F	F	E	N	S	I	V	E	M	A	V	U	Z	L	C	M
P	A	R	T	Y	M	R	E	L	I	G	I	O	U	S	K	E

~~Bill~~	~~Possibly~~
Blind	Power
~~Blow~~	Raise
~~Central~~	Register
~~Comedy~~	~~Religious~~
~~Connection~~	Scientist
~~Could~~	Shooting
~~Derive~~	Standard
External	~~Strange~~
~~Highlight~~	~~Success~~
Introduce	Testify
~~Iraqi~~	Ticket
Justice	~~Totally~~
Local	Utility
Luck	Welcome
Movie	Wire
~~Offensive~~	Worth
~~Party~~	
Patient	

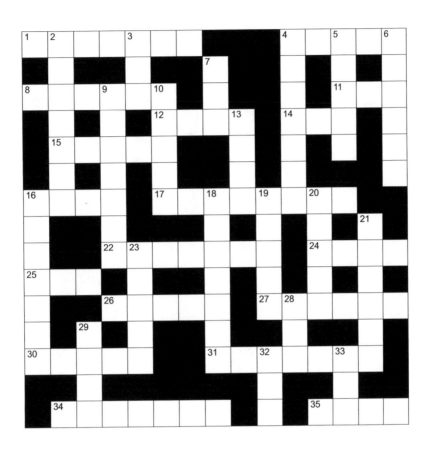

Across

1 Rustic folks (7)
4 Garden party? (5)
8 Motored (6)
11 Wasn't fasting (3)
12 Politically motivated free-for-all (4)
14 Gentleman (3)
15 De la Garza of TV's "FBI" (5)
16 Tiger's aids (4)
17 French leader whose last name was Bonaparte (8)
22 Betting. (7)
24 Fed after Capone (4)
25 Adjective for rapper Kim (3)
26 French endearment (5)
27 Brightened (up) (6)
30 Rock used in fracking (5)
31 Reduce one's carbon footprint (7)
34 States of madness (7)
35 Chive kin (4)

Down

2 Put on a pedestal (7)
3 FDR's European commander (3)
4 Sam Spade, e.g., slangily (7)
5 Baseball's Infante and Vizquel (5)
6 Place for shadow (6)
7 Golf or tennis instructor (3)
9 Memorable Greek tycoon (7)
10 Empty (glass) (5)
13 Bullring cry, sometimes (4)
16 Latticework (7)
18 Causing discomfort to (7)
19 Advantage (5)
20 Marten's cousin (5)
21 Lurch and sway (6)
23 General Motors green machine (5)
28 Sound sense (3)
29 Occasion when shoppers don't pay full price (4)
32 "___, I never thought of that" (3)
33 Lamb bearer (3)

A Spy who was just a little time away from cracking an international oil smuggling ring has surprisingly gone missing. While investigating his last location, cops find a note: 71057735345508517718.
They reported five suspects: Bill, Tom, Harry, Clark, and Smith.
Can you break the spy's code and find the culprit's name?

If, 12 = 6 and 6 = 3; Then Why Isn't 10 = 5?
(And what is 10 equal to)?

7 - Easy

8 - Easy

9 - Easy

10 - Easy

11 - Easy

12 - Easy

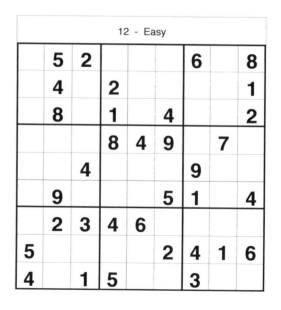

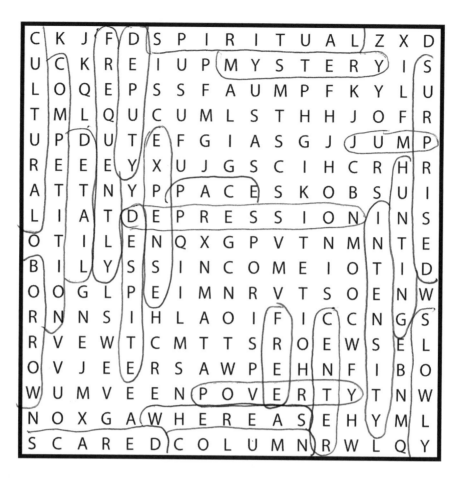

C	K	J	F	D	S	P	I	R	I	T	U	A	L	Z	X	D
U	C	K	R	E	I	U	P	M	Y	S	T	E	R	Y	I	S
L	O	Q	E	P	S	S	F	A	U	M	P	F	K	Y	L	U
T	M	L	Q	U	C	U	M	L	S	T	H	H	J	O	F	R
U	P	D	U	T	E	F	G	I	A	S	G	J	J	U	M	P
R	E	E	E	Y	X	U	J	G	S	C	I	H	C	R	H	R
A	T	T	N	Y	P	P	A	C	E	S	K	O	B	S	U	I
L	I	A	T	D	E	P	R	E	S	S	I	O	N	I	N	S
O	T	I	L	E	N	Q	X	G	P	V	T	N	M	N	T	E
B	I	L	Y	S	S	I	N	C	O	M	E	I	O	N	I	D
O	O	G	L	P	E	I	M	N	R	V	T	S	O	E	N	W
R	N	S	I	H	L	A	O	I	F	I	C	C	N	G	S	L
R	V	E	W	T	C	M	T	T	S	R	O	E	W	S	E	L
O	V	J	E	E	R	S	A	W	P	E	H	N	F	I	B	O
W	U	M	V	E	E	N	P	O	V	E	R	T	Y	T	Y	W
N	O	X	G	A	W	H	E	R	E	A	S	E	H	Y	M	L
S	C	A	R	E	D	C	O	L	U	M	N	R	W	L	Q	Y

Borrow

Center

Column

Competition

Crew

Cultural

Depression

Deputy

Despite

Detail

Dismiss

Expense

Free

Frequently

German

Hunting

Income

Intensity

Jump

Lack

Mystery

Native

Pace

Passion

Poverty

Prison

Scared

Slowly

Something

Spiritual

Storm

Suggestion

Surprised

Whereas

Yours

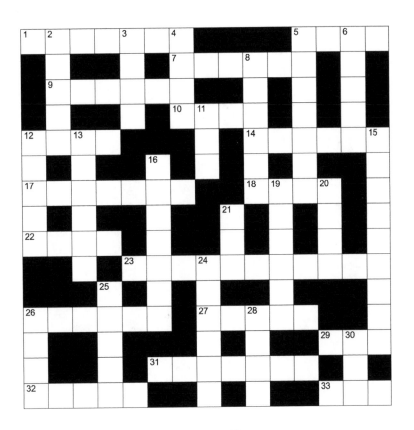

Across

1 Most collected (7)
5 Semitic language (4)
7 Tiger tourney (6)
9 Arrival, coming (6)
10 ___ date (current) (4)
12 Sinner who became a follower of Jesus (4)
14 Past and present (6)
17 Walk wearily (7)
18 Young follower? (4)
22 Suffix for prank or song (4)
23 Listing for behaviorists? (11)
26 Hanging in a deli (6)
27 The "Divine" Bette (5)
29 Toaster's choice (3)
31 Daunt (7)
32 Archive (5)
33 Broadband connection, briefly (3)

Down

2 "It's the heart that matters more" Counting Crows song (5)
3 Lam.'s O.T. follower (4)
4 "Swan Lake" costume (4)
5 Moderately slow in tempo (7)
6 Love, to Luciano (5)
8 Pictures (6)
11 Director's direction (3)
12 Tiny arachnids (5)
13 Parent (6)
15 Earth orbiter (9)
16 Native of Ramla (7)
19 Bullying words (6)
20 Arnsberg is on it (4)
21 Foreign mkt. (3)
24 Composure (6)
25 Actor Simon who starred in "The Mentalist" (5)
26 Nurses at a bar (4)
28 Kind of nail (4)
30 "Request granted" (3)

Henry was found murdered last Sunday morning, and his wife right away called the Police. Investigator Michael questioned the wife and staff and was given these pleas:
1. The wife said she was in her living room reading the newspaper.
2. The cook stated she was cooking breakfast.
3. The gardener stated he was trimming grass.
4. The maid stated she was getting the mail.
5. The butler stated he was making entertainment arrangements.
One of them was a liar, and investigator Michael suspects him/her as the murderer.

Can you figure out who?

Mr. Smith drives at an average speed of 30 miles per hour to the railway station every morning to catch the train. There was a traffic jam on a Thursday morning, and midway there, Mr. Smith realized he had maintained an average speed of 15 miles per hour.

How fast should Mr. Smith drive to catch his train?

13 - Easy

	3				8		2	4
2	4			9			5	7
						1		
9	5		8		1			6
			3				9	
		6			9		4	1
				1	6			
		1		8		4		5
	2		7					

14 - Easy

	1		3					7
		2	4	5				9
5			2				1	
1		6		8				5
	5		1	4		6		
		9			7	4		1
4			6		9		5	
7	2		8	1				
9				5			4	8

15 - Easy

		1	7					8
7			1	6		3		
		2		5		6		
1			3			9		6
6	9							
8	4		6	9				
2	1			7		8	4	
		8				6		
9		7				5		1

16 - Easy

7		2	1					6
			2		5	7		8
1			7		4			
	2			7	1	9		4
5	4		9		3			
			4			5	8	
		9		8				3
4		5		7	1			
	6		1		2			5

17 - Easy

9		4		6				
	2						7	4
		5	8		7		6	
			1	2				8
6				5	4			
		1			9	6		
2			6	3			8	
5			4	7		2		6
1	6		2			4	5	7

18 - Easy

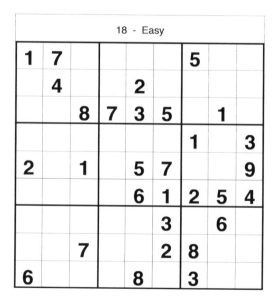

1	7					5		
	4				2			
		8	7	3	5		1	
						1		3
2		1		5	7			9
			6	1		2	5	4
					3		6	
	7				2	8		
6					8	3		

```
S C H O L A R S H I P S I M P L Y
B I L L I O N Y M W I D E L Y L T
P P T F Z J R S K S O L D I E R I
X M A C M A U R E L E V A N T A Y
C G P R L E M M E L T R R F C T D
H L E A T I T G C B Q L I K E E E
O O S A G I N A C R K M J I R H C
O B W P E D C S L G E P R E I C A
S A N U O R S U T O F A H J K F D
E L S M U L Z M L A V T S K O A E
F S S O Z R L U F A L Y W O K K W
I Q H O L I D A Y B R L D D N R E
A B S O L U T E L Y F B S A P G S
A N Y M O R E W V B L A D E O M T
F U N N Y Y C I V I L X L M E A E
D E M O N S T R A T E F M L T L R
S T A R E M O F F E N S I V E L N
```

Absolutely	Metal
Anymore	Offensive
Billion	Particular
Blade	Poet
Choose	Poll
Civil	Reason
Decade	Relevant
Demonstrate	Salary
Fall	Scholarship
Funny	Simply
Global	Soldier
Holiday	Stare
Hour	Tape
Install	There
Issue	Variety
Joke	Western
Lead	Widely
Like	
Mall	

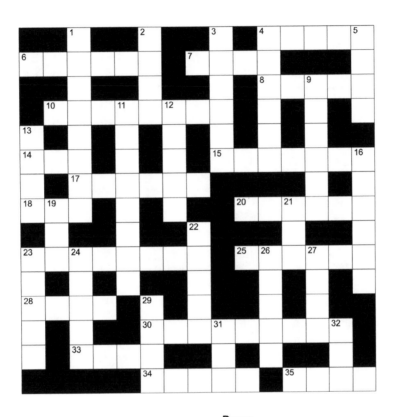

Across

4   Pupa predecessor (5)
6   London's ___ Square (6)
7   Command in a BASIC program (4)
8   Subsisted (5)
10 Hymn (8)
14 Three, to Agrippa (3)
15 Bic or Gillette offerings (7)
17 Knights in ___ Service (6)
18 It's at the Getty Museum (3)
20 Timberlake with six Grammys (6)
23 It's entered before a password (8)
25 1976 horror film starring Sissy Spacek, or its 2013 remake (6)
28 Frosts (4)
30 Do a diner chore (9)
33 Hairdo for the Jackson 5 (4)
34 Chesapeake Bay occupation (5)
35 Tend (4)

Down

1   Of Clark's country music? (8)
2   Jewell of "The Facts of Life" (4)
3   Superheroes have them (6)
4   Fictional nymphet (6)
5   Elton John-Tim Rice Broadway musical (4)
9   Most evil (6)
11 Nuclear-treaty subjects (8)
12 Chili ingredient (5)
13 Where Fermi went to university (4)
16 "Return to ___" (Elvis Presley hit) (6)
19 Sts. (3)
21 Sun. speech (3)
22 A napkin with the name of a hotel and the indentations of a phone number on a notepad, etc. (5)
23 Kind of boss (5)
24 Multi-time W.N.B.A. All-Star ___ Delle Donne (5)
26 Caribbean vacation spot (5)
27 5-star review (4)
29 The duck, in "Peter and the Wolf" (4)
31 No ordinary (3)
32 III, to Jr. (3)

Investigator Michael wants to appoint an assistant. He had three applicants, and he decided to test their skills through a quiz. He described, "See guys, a case needs to be resolved, and the hint is hidden in one of the libraries in Ohio. The clue is available inside a book, between pages 165 and 166. Two applicants charged out the door. The third applicant just remained seated there. Investigator Michael spoke to the man who stayed, "You are hired."

What do you think he did to get hired?

$0\ 0\ 0 = 6$
$1\ 1\ 1 = 6$
$2\ 2\ 2 = 6$
$3\ 3\ 3 = 6$
$4\ 4\ 4 = 6$
$5\ 5\ 5 = 6$
$6\ 6\ 6 = 6$
$7\ 7\ 7 = 6$
$8\ 8\ 8 = 6$
$9\ 9\ 9 = 6$

You can use any mathematical symbols to make all the above algebraic expressions true. For example: $2 + 2 + 2 = 6$

19 - Easy

4			1	9		7		
	7			3	5	2		
	5			7	8		3	
	3	2			1	8	9	
	2			9			7	
	1							3
	7					3	8	
	8			5		1	4	2
	2		3	8				

20 - Easy

						7	5	
2				1		6		4
	5		2			9		
		1	7		3	4	2	9
	2							7
			4		8	5		1
8		5	1			2		
		2		8	4		9	
1		9		5		3		8

21 - Easy

			4	6		3	2	
	3			2	1		6	
6	9		3			5		1
2		8	5					
1			2					5
7					3			
	2	7	8	5	6			
9	8	6	1		2			
			7				8	6

22 - Easy

	9		3	7			5	6
		5	1		2	3	4	
			4	5		9		
1							9	
				1		6	3	5
	5	3				2	1	
	1	2		3	5			
		7		4		5		
			7	2	9		6	

23 - Easy

	6		5				8	3
	5		3	1		2	7	
				2		3		
	3		9		5	1	6	8
	9	8		3		5	2	
6	4			8		7		
		3	7		1			
	2	5	4	6	3			

24 - Easy

			9			4	5	
9	1	8					3	6
		4						
5	4	7				1		
1	6			8	4	5	9	
8	3			5		6		4
				4	6			
	8			2		3		
7		6		3	1			2

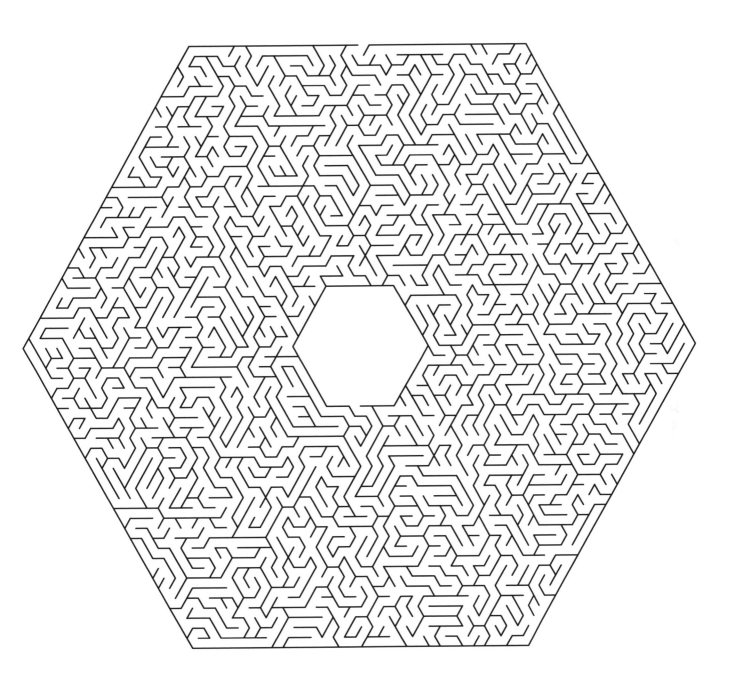

```
O P E R A T I O N E R D C R P V P
V E N T U R E J T U G O R O H I K
P A Y M E N T A O F N U I V E N K
B U T T O N R F L C C B T B N T S
D B E V F T D N M O L T E D O E U
M I Y F S V I H E N O W R E M R R
H L V U G Y V Y T T S A I S E P E
X K L I P I E C R E L A I N R X
D L M E D R S X U O L L N R O E S
I O K E T E I T E V Y O D E N T H
L I M W R S O E X E Y W D Z B A O
L K R E O E N N T R T O U C H T O
N E E D S N L D R S M F E A Y I T
E T I T H T V Y A Y S L P Y J O I
S Q S S A S I D O M I N A T E N N
S A F J L K C C S H E L F Z Z A G
V Q P O L I C E W D E S I G N E R
```

Allow	Merely
Button	Mode
Closely	Need
Controversy	Operation
Criteria	Payment
Designer	Phenomenon
Desire	Police
Divide	Present
Division	Shall
Domestic	Shelf
Dominate	Shooting
Doubt	Sure
Extend	Touch
Extra	Vast
Four	Venture
Illness	While
Illustrate	
Interpretation	
Likely	

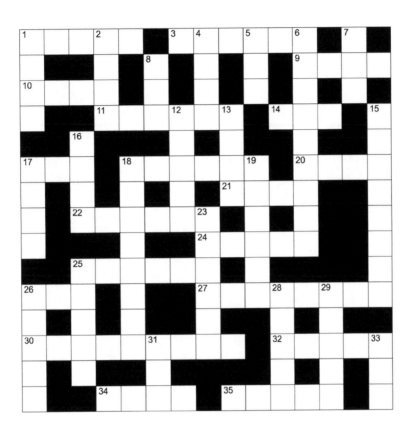

Across

1   Solemnly promise (5)
3   Off (6)
9   Person you worship (4)
10 College recruiting grp. (4)
11 Lippizaners (6)
14 Gen. Burnside was its first president (3)
17 Gardner the screen legend (3)
18 Rice, in China (6)
20 Enc. to an editor (4)
21 Imaginary line about which the Earth turns (4)
22 Tripped, as a trap (6)
24 Came through for (5)
25 Torpedo (6)
26 Eastern "way" (3)
27 Causes chaos, maybe (8)
30 Particular course of action (9)
32 Plant used medicinally (5)
34 Grounds for a lawsuit (4)
35 "Language that rolls up its sleeves, spits on its hands and goes to work," per Carl Sandburg (5)

Down

1   Evening, in Roma (4)
2   "The Apostle" author Sholem (4)
4   Man of the courts (4)
5   Capital of Cuba (3)
6   Wandered from path (9)
7   Chic, in the '60s (3)
8   Different spelling, in crosswords (3)
12 Barcelona's land (5)
13 1994 Emmy-winner Ward (4)
15 Drinkers' heavens (8)
16 Drum or viol leader (4)
17 Cost an arm and ___ (4)
18 Garrote (8)
19 Large-scale evacuation (6)
23 Look, so to speak (6)
25 Risk (it) (5)
26 Debater's focus (5)
28 La Croce ___ (5)
29 Consumer products giant that makes Tide, for short (5)
31 "___ Tag," play by Barrie (3)
33 Concluding with (3)

One cold, snowy night, Investigator Smith was at his home listening to music while sitting by a fire. Unexpectedly a snowball arrived, crashing through the room's window, smashing it into pieces. Smith got up at once and watched out the window just in time, and saw three neighborhood brats who were brothers, ran around a corner. They were named Paul, Mark, and Jackson. Underestimating Smith's reputation as a brilliant investigator, the two innocent brats sent him a note. The note reads: "?"

Which one of the three should Smith question about the event?

Clark, Smith, and Jack are 3 sons of a mathematician. When asked about the age of his sons, he said, "The current age of each of my sons is a prime number. The difference between their ages is also prime."

How old are his sons?

25 - Easy

	9	4		6				
					4		5	
		8	7	5		4	6	
	4	2	9					1
		1	5		7		8	
	5	7	8	2	1	3		
	2	5			3			
		3	1		5	9	7	
						6		5

26 - Easy

				8	6		2	9
	6		9	2		7		
4				3	5			
5						9		6
9		8	6		3	5		
1			8	5	9		7	3
	5			1		6		
				6				1
6		4		9	8			

27 - Easy

		2		1	3			
1	7	8	9	6				3
			5	4	7		1	
8		5	3		1			6
	4					3	8	
		3	4	8		2		
7				2	9	6		
		9	7			8		
				5		7		

28 - Easy

	8			6			1	
					1	4		8
			2					
6				7	5			
		5	1	3				
			5	8		6	9	3
			9			3	1	2
2		6		8				
		4	6	5			3	

29 - Easy

			8			1		
	9	5	1					
	8			4				
2	3	1			4			7
		4			6			
			5			3	4	9
	2	6					7	
5			7					1
	1			6		5	8	

30 - Easy

			1		4	5		
6		3	9			2		
			6	8		3		
	6			9				4
4			5	6	1	3	9	7
7			3	4		6	1	
8	2			1	3			5
				9			7	
			4					8

```
I W C R K E J C O N T I N U E D V
S E P A R A T E O B V I O U S L Y
O E S L I N T E L L E C T U A L G
R K V I J N A E K E N T R Y V X W
G L P H W Q V X M W E R G L A J G
A Y C H E E S E S A M T W I N Z R
N Z V Q D X R K S G Y W D O T B A
I P R E T T Y E E T E E I U E R D
Z S T F X Q X S C T M T V W M I U
A T Z E A P U E W R U E B T P D A
T R J D B C R H F L U O N U E G T
I I A N C O T O L F A I T T R E E
O P S A C S M O F R O S T K A Y S
N N T S L U P B R I E R M N T T T
O C O M P L E X I Y T P T E U U U
I R R I N C I D E N T D T A R R F
I S E S U S P E C T G K U R E N F
```

Accuse

Bombing

Bridge

Bury

Cheese

Complex

Continued

Effort

Enemy

Entry

Extreme

Factory

Graduate

Incident

Intellectual

Investment

Media

Near

Obviously

Organization

Pollution

Pretty

Profit

Recruit

Score

Separate

Store

Strip

Stuff

Stupid

Suspect

Temperature

Turn

Twin

Weekly

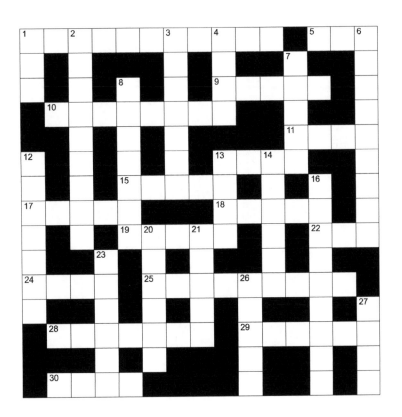

Across

1 Distressing experience (11)
5 Grayish (3)
9 James -- Garfield (5)
10 Rosh __ (Jewish New Year) (8)
11 Curt denial (4)
13 Put on a scale from 1 to 10, say (4)
15 Penthouse? (5)
17 Moslem lord (5)
18 Chain mail and such (5)
19 Comparatively corrupt (5)
22 Be obliged (3)
24 Beat by a nose (4)
25 Edith Piaf, for one (9)
28 Having the least fat (7)
29 Mathematically validated (6)
30 One of the sax family (4)

Down

1 "--- dare you!" (3)
2 Rest — sell off (books) cheap (9)
3 Not a saver (7)
4 Brilliantly colored food fish (4)
6 Exciting drive? (9)
7 Wings guitarist Denny (5)
8 Plant stalks eaten as fruit (7)
12 Debase (7)
13 Nourish (4)
14 Congregation location (6)
16 Go to the opposite side (9)
20 Sagittarius. (6)
21 Play or pass? (5)
23 Boarder (6)
26 Birthstone for November. (5)
27 Hosiery fault (4)

Michael Johnson was found dead in his apartment from an apparent self-inflicted gunshot wound, the pistol still clutched in his lifeless hand. There was no evidence of a break-in and no sign of crime - only the tiny bullet hole was found under the left side of his chest and some bloodstain surrounding the wound. The bullet went through his body, through the sofa he was resting on and had lodged in the wall behind him.

A junior investigator named Clark deduced from the site that Michael Johnson had committed suicide. But the senior investigator, Smith, claimed that he has evidence that Michael Johnson had been murdered when he saw the body.

What do you think he noticed that the junior investigator missed?

John and Simon decided to play tennis against each other. They decide to play until one wins $50. For each game played, the bet is $10.

If John won exactly three games, how many games did they play?

31 - Easy

	9		6			8		
		8					5	
7		1	5				3	6
	4							
		6						7
2	7				5		9	1
		5		1				
9	6	7	3					4
					4	9		8

32 - Easy

			8		4	3		
7		9		3	5			
			2					
	3				1	7	9	4
9		2			8		3	
	1	4	7		3	8		5
4		3				5	7	
		7			6		4	
5	6						8	2

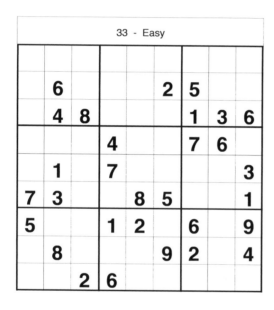

33 - Easy

	6				2	5		
	4	8				1	3	6
			4			7	6	
	1		7					3
7	3			8	5			1
5			1	2		6		9
	8				9	2		4
		2	6					

34 - Easy

	2					3	8	
			3	8	2	1		7
	8				5	9		
2		4				6	7	8
7					1			5
	5			6			1	
1			7	5				6
		5		1	4	7		9
	7		6			5		

35 - Easy

						8		
		4	8					6
				1	4			3
	5			3	1	8		
						5		
3		8				2	7	
	8	6				3	4	
7					8			
5		2	6		3	1		8

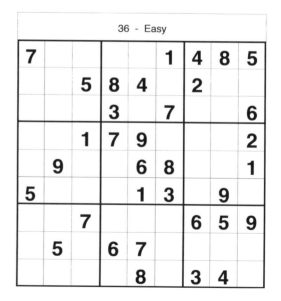

36 - Easy

7					1	4	8	5
		5	8	4		2		
			3		7			6
		1	7	9				2
	9			6	8			1
5				1	3		9	
		7				6	5	9
	5		6	7				
				8		3	4	

C	U	S	T	O	M	E	R	L	R	E	T	A	C	B	E	U
I	K	E	G	Q	Q	Q	A	A	U	N	P	F	A	O	D	X
V	J	P	P	V	O	P	E	W	A	S	G	F	R	B	U	K
I	T	R	W	J	I	L	O	U	P	U	C	A	E	V	C	X
L	L	E	U	C	C	E	F	F	O	R	T	I	F	I	A	S
I	L	V	N	E	W	S	P	A	P	E	R	R	U	O	T	I
A	D	I	S	T	I	N	G	U	I	S	H	Q	L	U	I	M
N	R	O	E	C	M	W	F	S	N	A	E	Q	L	S	O	I
P	T	U	P	W	P	H	S	Y	D	N	F	B	Y	L	N	L
L	R	S	I	T	O	E	O	L	I	T	T	R	O	Y	N	A
M	A	Y	S	U	R	R	A	N	V	I	H	I	I	N	B	R
D	F	R	O	D	T	E	A	F	I	H	A	O	U	C	D	L
C	F	A	D	S	A	F	G	L	D	N	C	M	U	U	A	Y
Y	I	A	E	E	N	L	Q	E	U	W	N	L	O	G	K	N
J	C	D	V	I	T	O	F	S	A	O	A	R	E	F	H	K
D	E	V	I	C	E	T	T	H	L	K	P	N	T	A	W	T
S	U	M	M	I	T	S	G	R	O	U	N	D	T	H	N	A

Address

Affair

African

Bond

Carefully

Civilian

Clean

Clear

Customer

Destroy

Device

Distinguish

Education

Effort

Ensure

Episode

Flesh

Ground

Important

Individual

Lots

Newspaper

Nine

Obviously

Previous

Principal

Proud

Quick

Similarly

Summit

Thought

Traffic

Want

Where

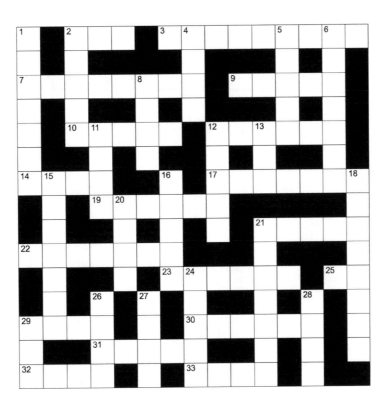

Across

2 Big bad guy (3)
3 Tequila-based cocktail (9)
7 Mete out, as PEZ candy (8)
9 Word heard before and after "say" (5)
10 "...rosebuds while ___" (5)
12 Parthenon honoree (6)
14 Volleyball actions (4)
17 Colonial housing? (7)
19 They make for a neat walk (6)
21 Warbler's sound (5)
22 Accomplish (7)
23 Entertain splendidly (6)
25 Man's address (2)
29 Rochester's bride (4)
30 Shout from a lottery winner (6)
31 Correo ___ (airmail to Mexico) (5)
32 Page for commentary (4)
33 "Parks and Recreation" rating (4)

Down

1 For whom Sandy Koufax pitched (7)
2 Overly emotional (5)
4 "Potpourri for 200, ___" (4)
5 Musical having skits (5)
6 Strings together. (7)
8 Semimonthly tide (4)
11 If follower, in computer programs (4)
12 Make embarrassed (5)
13 President before D.D.E. (3)
15 Advanced in age (7)
16 One of Tom's rivals (5)
18 Rattle on (anag) (8)
20 Soapbox, sometimes (4)
21 Cultivating (7)
24 "Immature poets imitate; mature poets steal" writer (5)
26 Honey of a beverage? (4)
27 Guitar ___ (4)
28 "___ the Man" (Amanda Bynes romcom based on "Twelfth Night") (4)
29 "Mr. Blue Sky" grp. (3)

A man crosses the border on a bicycle daily with two bags of grass. The customs officers check his bags and found that they are full of grass. The customs officers are well aware that he is smuggling something but don't have any evidence against him, letting him cross the border daily.

What do you think he is smuggling?

At a local club party at Chelsea clubhouse, four ladies were there with their four children aged 1, 2, 3, and 4. Each one of them can have one, two, three, or four footballs.

We know these facts:
Aina has more footballs than his age.
Kalas is older than Zouma.
One child has the same number of footballs as his age.
Ake has fewer footballs than Kalas.
A child, aged 3 has two footballs.
Ake is the youngest.

Can you determine the age of the children and the number of footballs they have?

37 - Easy

1		3		9	2		6	
		4			6		2	7
	7	6						9
		8					7	5
	2	1	6					4
		7		8	4	2	1	
	8			4			9	
3		9	8	6			4	
				2	7			

38 - Easy

3	1	2	6		5			
	4					5		
		6			8			2
			8	5		9		
8			7				2	
2	5							4
			5			4	3	
	8	5		3			6	
6	7		2	1			5	

39 - Easy

						9		
4	5	6			8		3	2
1	9		3		2	4		
	2		4	7	3			
	6			2	1			7
5	7				6			4
	1	9	8			6		
		3	7					9
	4							

40 - Easy

			5			1		
	9		1	6	4		5	8
		5		3				7
5			7				6	3
		2				9	7	5
9	3	7	6					2
		1		7				
		6			1		9	4
8				4		7		1

41 - Easy

	1	7			2	3		
	4	9					5	7
	5	6	3	7	4		1	
				4			9	
					5			
1		5			7	4		2
7	9			2		6	4	
4			7	8		1		
		1			3	9		

42 - Easy

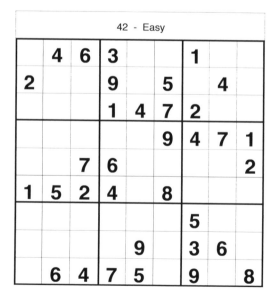

	4	6	3			1		
2			9		5		4	
			1	4	7	2		
					9	4	7	1
		7	6					2
1	5	2	4		8			
						5		
				9		3	6	
	6	4	7	5		9		8

```
S L I G H T L Y M A T T E N D L G
N E W S P A P E R S O M E W H A T
D E A T H P R E S I D E N T U O C
I F A C U L T Y A S C E N A R I O
S G H O S T J S Y M B O L O P M N
T K I F K P O O L Z E H C O E M T
I R E P R E S E N T N K T H A O A
N O L O V A N Y B O D Y T D R D I
C Y P R O V I S I O N F F C E E N
T I E G Q N M T E O B J K O C R E
I N M S T E C S F C D V S P E A R
O F J P L U O K H W O S I Y N T J
N L X B R L R K S A O N W O T E R
R K O T N O O F X R P A O N U A G
C R S D W C V Q C N L E K M E S I
P N H S E C R E T A R Y G W Y S V
I D T B I T A L I A N K M A I L H
```

Anybody	Pool
Attend	President
Container	Problem
Copy	Provision
Cross	Recent
Death	Represent
Distinction	Scenario
Economy	Secretary
Faculty	Shape
Ghost	Slightly
Improve	Somewhat
Instruction	Symbol
Italian	Them
Lawyer	Topic
Lose	Wear
Mail	Work
Moderate	
Newspaper	
Obvious	

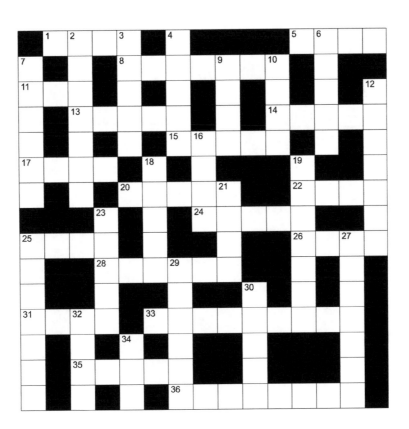

Across

1 Cocktail hour bowlfuls (4)
5 ". . . sting like __" (4)
8 US state, home to the Grand Canyon (7)
11 Facial or metric preceder (3)
13 "The ___ Professor" (Jerry Lewis movie remade by Eddie Murphy) (5)
14 Chocolaty coffee drink (5)
15 Spitting beast of burden (5)
17 Craft that located the Titanic in 1985 (4)
20 Port closers (5)
22 Sing Sing room (4)
24 Pharaoh's domain (5)
25 Chevrolet (4)
26 Distant. (4)
28 Tongue-in-cheek tributes (6)
31 "Sorry to say" (4)
33 Booming voice quality (9)
35 Knock hard (5)
36 Eroded rock (8)

Down

2 Early metalworking period, perhaps (7)
3 Nick who comes at night (5)
4 Old records (5)
6 Nonplayer's spot in the dugout (5)
7 "I haven't a thing ___!" (6)
9 Wine measure in Trieste (4)
10 Crimean river (4)
12 "WWF Smackdown!" competitor, slangily (7)
16 Great Bear or Great Slave (4)
18 Bike in a Beach Boys song (5)
19 Shape seen at some crossings (7)
21 Certain N.C.O.'s (4)
23 Ram parts (5)
25 Dancer Fred ___ (7)
27 Miss Francis et al. (7)
29 Trickled (through) (6)
30 Rack up (5)
32 Peas (anag) — found in church (4)
34 Small drink (3)

A lady checked into a hotel room at 11.15 in the morning. Suddenly someone knocks at the door. She answers and is surprised to open the door to see a stranger staring at her who bluntly says, "Oh, I'm sorry, I thought it was my room". He then quickly turns away and heads for the elevators. The woman is quick to ring up security and report him.

Why do you think she did that?

Simon is 16 feet away from his door. Each of the moves he makes takes him half the distance to the destination (door).

How many steps will take him to the door?

43 - Easy

		6				9		
			7	8		1	5	
	4		6		5			
4			5		2	6		
9		1						
	2	5	3					7
5	1	4		3	6			2
	8	2					6	1
	9	7	2	5	1			

44 - Easy

		7	8					3
	6			3	4	2		5
	9		2				4	
			1	2	9	5	3	
	3			7				
2	5			4		1		
	8	2						
	4	3			2	7	8	1
7				6				

45 - Easy

6		2				9		8
8	3	4	9				7	6
				3			5	
								4
2	4	8	5					
7				6			8	3
				8	4		6	9
	8			9				
		6	7	2	5			1

46 - Easy

			1	9		8		
	1							
		8		4		2	6	1
		6		1				3
1	3				5			7
5			4					6
4			9	7		3	5	8
3		7		5	4		1	
	6		3			1	4	

47 - Easy

		7	2	8				
			9					
			7	1	9			8
			4			3	8	
	5		8	2		7		
		9	6		7		2	5
	7		5	9	8			4
	9		3			5		
5	8		4		2	1	9	

48 - Easy

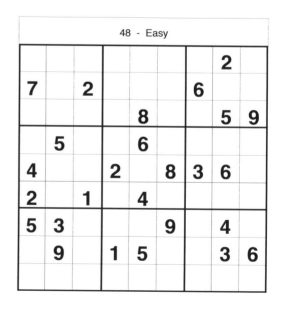

						2		
7		2			6			
			8			5	9	
	5		6					
4			2		8	3	6	
2		1	4					
5	3			9		4		
	9		1	5		3	6	

```
R E A L I Z E G R E P O R T E R S
R E P R E S E N T E X P L O D E P
I E X E C U T I V E S V Q U O T E
D M E C H A N I S M O S B S T W N
R I P N C P C O V M F A H Q M R D
A P S L S N D E B A T E N U O K I
M E R A I P Q J W A W L L E T T N
A S V A P C B S X C A D F E O F G
T P D E R P A Z J O R E A Z R V E
I R E F R E E T V D E M I E F G L
C O P P J Y T A I C T A T V N U R
A D U F E I B S R O X N H A F E E
L U T X F O B O Y R N D R R T V A
L C Y E I A P H D E I R E P H M C
Y T N T R I A L B Y A W P C E E H
J E W I S H Z K E S O R R Y M R N
B E S C A P E M Q P W H O M E E Z
```

Arrange	Powerful
Benefit	Product
Core	Quote
Debate	Rare
Demand	Reach
Deputy	Realize
Disappear	Reporter
Dramatically	Represent
Escape	Shut
Everybody	Software
Executive	Sorry
Explode	Spending
Faith	Squeeze
Implication	Theme
Jewish	Trial
Mechanism	Whom
Mere	
Motor	
People	

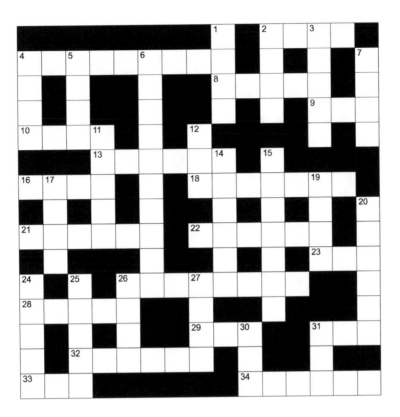

Across

2 Franco of "Camelot" (4)
4 Like Mozart music (9)
8 Memory restorers (5)
9 End of a collegiate Web address (3)
10 Chance (4)
13 Red/blue chemical test (6)
16 701, to some (4)
18 Doctor Doom and Galactus, to the Fantastic Four (7)
21 1984 Kool _the Gang hit (6)
22 Beer garden pickup (6)
23 Questionnaire datum (3)
26 Chow chow, etc. (8)
28 Work with Madonna (5)
29 Sportage maker (3)
31 A throw (3)
32 Bead string (6)
33 Formula One driver Fabi (3)
34 Acts exaggeratedly (6)

Down

1 Kind of Australian grass (4)
2 Ogden who rhymed "Bronx" with "thonx" (4)
3 Gone up, as fever (5)
4 It could be pregnant only in Florida (4)
5 Actor John, once married to Shirley Temple (4)
6 Nonreader (10)
7 Jacob Riis subject (4)
11 Name in 2000 headlines (5)
12 Name for the T. rex at Chicago's Field Museum (3)
14 Quarterback's ploys (6)
15 Failed to mention (7)
17 Hen holder (4)
19 Island to which one is able to return? (4)
20 Shim, for example (6)
24 Jack who shunned fat (5)
25 Washington transit system (with "the") (5)
26 Fearsome Foursome team (4)
27 Evoking an 'Ugh!' (4)
30 Bolted down some nuts (3)
31 Fair-haired one (3)

The police find the body of a woman who has hanged herself from the ceiling, yet the room where she did it has no windows, tables, or any other furniture. There is just a puddle of water on the floor.

Can you figure out how the lady was able to hang herself?

Mr. Smith's company has just achieved completion of a building with 100 medical offices. Mr. Smith hired John's services to paint the numbers 1 to 100 on the doors.

How many times Mr. John would need to paint the number 9?

49 - Easy

				9			6	
5		6	4	7				9
9	7					1	5	
	4						7	
6	8	5			7	9	3	
7				4		6		
				1		8		
2				6		7		5
8		9	7	5		3	2	

50 - Easy

3	7	8	4					
		1		3		6		2
6		2	5	1			4	3
		7						
5						2		
			5	2	4			9
	3			4	5		1	8
2	8	5				7		4
		9	3	7				

51 - Easy

		9	7					
	1	6	2		9		5	
7	5		3	8	6			
	7						3	5
		8		7		6	4	1
		1			3		7	
		7	8					6
8			5		2	1		
6	2			9	7			

52 - Easy

2			4	9	1	7		3
1	7			2				
		9	5		7		2	6
5		2	1		8			
6						2		
7							6	
	6	7				5	3	
	1				3	6	9	8
				5		4		1

53 - Easy

	3		7	2				
			8					6
8	9				1	2		4
					2			3
7			5					9
6	8			1	3		7	2
9								8
3			6				1	
1	5					9		

54 - Easy

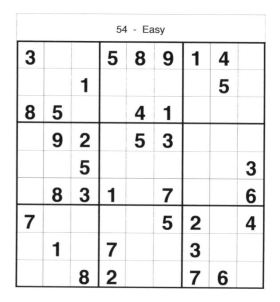

3			5	8	9	1	4	
		1					5	
8	5			4	1			
	9	2		5	3			
		5						3
	8	3	1		7			6
7					5	2		4
	1		7			3		
		8	2			7	6	

51

```
V I O L A T I O N P O R T I O N W
L V Y D E M O C R A T M O T H E R
E W A S T E R N M U S I C I A N R
A B O S D I S A G R E E T Y C V E
T W D E S I R E C U P V F R I O N
H C O M P L I C A T E D A B P I T
E S R I S K E W T E N S U R E C E
R K H F H V A L C O H O L A Y E R
L J K O O Y E A K K T O W S H U T
A F G R W B E X E C U T I V E G A
C N P O L I T I C A L L Y P M O I
T M Z U L E A D E R S H I P W J N
I D I S A P P E A R B S P O U R M
O S O U T H E R N T H O U G H T E
N T R O O P E X P L O D E R L N N
T R A D E A N A L Y S T A E E Z T
B R I T I S H B Z M H L Z S K I N
```

Action	Musician
Alcohol	Politically
Analyst	Portion
Assure	Pour
Belt	Risk
British	Show
Complicated	Shut
Democrat	Skin
Desire	Southern
Disagree	Thought
Disappear	Tongue
Ensure	Trade
Entertainment	Troop
Executive	Vary
Explode	Violation
Improve	Voice
Leadership	Waste
Leather	
Mother	

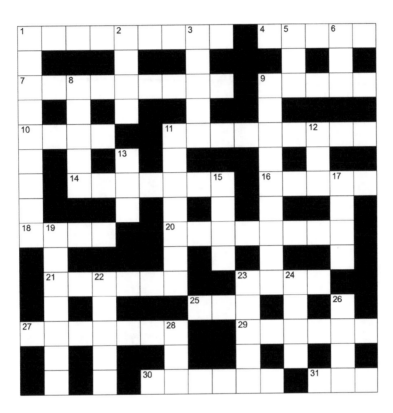

Across

1 Wobbling (9)
4 Like the area between city and farm (5)
7 Final score of a close, defensively dominated NFL game, maybe (9)
9 Bring together (5)
10 Does a collection agency's job (4)
11 Sweet and sour candy (9)
14 Odourized (7)
16 'You -- big trouble!' (5)
18 It may say "DINER" (4)
20 Aspiring executive's dread (8)
21 Online brokerage service (6)
23 Paris mayor Hidalgo (4)
25 Wd. before Dew on cans (3)
27 Counter offers (7)
29 Dust collector (6)
30 Ready to be served dinner (6)
31 Vacation spot offering a warm welcome? (3)

Down

1 Softened, as rhetoric (9)
2 Lioness (born free in Kenya) (4)
3 Jenna, to Jeb (5)
5 New Yorker cartoonist. (3)
6 One of the four elements, in alchemy (3)
8 WXYZ phone buttons (5)
9 Big Apple island (9)
11 Doesn't bring up again, say (7)
12 Ruff's mate (3)
13 Shining expanse of song (3)
15 Actress Moore who starred in "Ghost" (4)
17 Overnight lodgings (4)
19 Winning distance? (7)
22 Rundown (5)
23 Tennis's Agassi (5)
24 Ayes' counterpart (4)
26 Poultry farm structure (4)
28 Papal seat (3)

A Japanese ship sailing in the Pacific is stuck in a major storm. During the storm, the captain of the ship is murdered. The investigator questioned four suspects:
The cook said he was busy holding the wine barrels in place.
The ship's engineer said he was fixing the signal.
The housekeeper said he was fixing the flag, which was upside down.
The captain's wife had been under the deck, as the storm made her seasick.

Who is the murderer?

Can you write the number 45 using only 4's and mathematical symbols?

55 - Easy

4	6			2			1	9
			8			5	4	
		1		6				3
	5							
		4			1			
7		8						2
		5		3	8			
	9			4	5	6	3	
1						7	5	

56 - Easy

2		7		4		5		
3			2			9	4	
9	4	5		1	6		3	
	9	8						
6	3		9	2			1	
1			6	8		4		
				5	3			4
7			8	9				
4			2					9

57 - Easy

			7		5	8		
	7		9				5	
2				8				4
				4				2
		1				6	4	
			5			3		
	9		4		2		3	8
	3						7	
			1		9	5		

58 - Easy

	7		9			8		4
	8	2	5			6		
	5	9		8	1			
5		7				4		
	2	4		7			8	1
	1	8	2			5		
8				4		9	2	
	9						4	8
7					9	6		

59 - Easy

	8		6	5	9	7	1	
6								9
1		9		3				4
5		7				4	3	
9	3	8		7				2
		6	2					
	4				6	3		
8		2	3				4	
	6		4			8	9	

60 - Easy

			9	4		2		
	5		1	8	3	6		7
			2	7			3	
	3	5		4		1	2	9
8				3			4	
7	4	9	5					
4						5	1	
			1	7		9		
9			4					6

```
I N I T I A L L Y O V H D T N C E
B S T R E N G T H B S E N O C R X
C T N V T M H U O N T M I U M D A
I B Z I E G S T U F F T W R E C M
P U B L I S H E I K S C K I S O I
H F I L E G B L E A R N S S M N
R E F A Z H O E U E J N Y T L P E
A T D G Z T M Q M Y C H H E L L O
S Z B E N I B L A P U T S D N A P
E C E N T R A L S A D S I T F I A
A L R E A D Y E K Z E C A O U N F
C I F W O R L D H V A E C T N Z F
V I N S U R A N C E W N Y A D S A
L P U B L I C L Y C R A E L I V I
I N T E R P R E T D O R W L N E R
F I G H T I N G I M N I S Y G Y V
A D J U S T M E N T G O D A I L Y
```

Acid	Lifetime
Adjustment	Mask
Affair	Mess
Already	Phrase
Bomb	Publicly
Central	Publish
Complain	Question
Daily	Scenario
Examine	Selection
Fighting	Strength
File	Stuff
Flight	Totally
Funding	Tourist
Gifted	Vessel
Hello	Village
Initially	World
Insurance	Wrong
Interpret	
Learn	

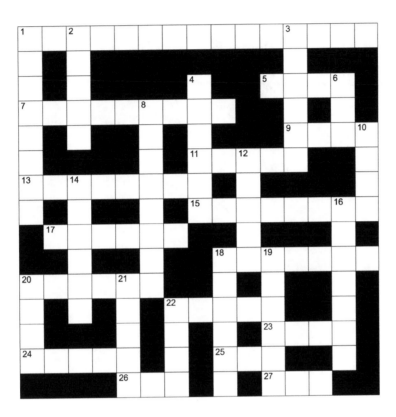

Across

1 Invited disaster (15)
5 Ottoman rulers (4)
7 Military eating buddies (9)
9 Move carefully (4)
11 Valentine's Day bunch (5)
13 Football game break (8)
15 Performance enhancers in the news (8)
17 Early malls (6)
18 Not at all a party animal (7)
20 Puts on, as a show (6)
22 Some water carriers (5)
23 Site of the first Olympics (4)
24 Specified (5)
25 Dad at the Ponderosa (3)
26 Water temperature tester (3)
27 What Horner did (3)

Down

1 Bears (8)
2 Like some gallery gasbags (5)
3 Sibling's daughters (6)
4 Video store categories (6)
6 Downing and others (abbr.) (3)
8 Masons and potters (8)
10 Headphones, slangily (4)
12 Pedometer's measurement (5)
14 Reporter, often (6)
16 Sweetie pie (7)
18 In a bent position (6)
19 Acting twins Mary-Kate and Ashley (6)
20 Party freebies (4)
21 Eclipse, e.g. (5)
22 Chenille feature (4)

Two Southern belles are having lunch together and both order iced teas. One of the women is very thirsty; she downs her tea and orders another, and then another, eventually drinking five teas in the time it takes her friend to finish her first one. After the meal, the lady who drank one iced tea died, while the lady who drank five iced teas survived. The investigation specialists determined that all six iced teas were poisoned.

Why do you think one lady died and the other didn't?

A baseball and its bat cost $50. The shopkeeper said that the cost of the bat is $49 more than the ball.

With this constraint in mind, what would be the cost of each item?

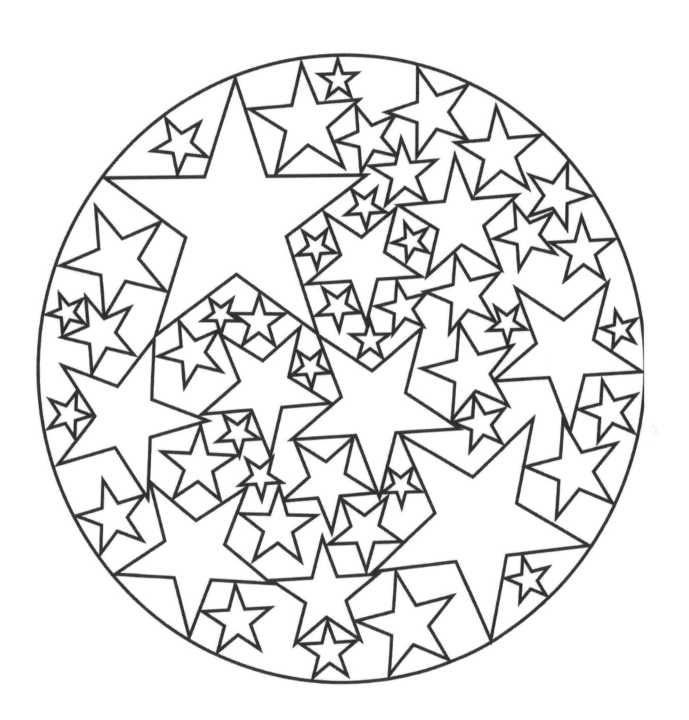

1 - Medium

```
. 4 . | . 6 5 | . . .
. . . | . . 1 | . 6 .
. 6 . | . . . | . . .
------+-------+------
. 8 6 | 3 . . | 4 . 1
. 9 3 | . . . | . . .
. . . | 5 . . | 3 7 8
------+-------+------
. . 2 | . 5 . | 6 . .
1 . . | . . . | 5 3 4
. . 8 | . . . | . . 7
```

2 - Medium

```
4 . . | 7 2 . | 5 . .
7 . . | . 1 . | . . 8
. . . | 8 9 . | . 3 .
------+-------+------
. . 2 | 9 . . | 3 1 6
6 . . | . . . | 9 . 5
. 9 . | . . 7 | . . .
------+-------+------
. . . | . . . | 5 2 .
. . . | . . . | . . .
. 4 . | . 2 . | 8 . .
```

3 - Medium

```
3 . . | . . . | 6 4 2
. . . | . 8 . | . 9 .
. . . | 9 2 . | 1 . .
------+-------+------
. . . | . . 6 | 8 . .
. . . | 1 . 4 | . . .
. 6 . | . . . | . . 5
------+-------+------
6 9 . | . . 5 | . 2 8
7 . . | 2 4 9 | . . .
. . 4 | . . . | . . .
```

4 - Medium

```
. . . | 8 2 . | 5 . .
5 . . | 4 . . | 8 2 9
2 6 . | . 8 . | . . .
------+-------+------
. 3 . | 1 2 . | . 5 .
. 5 . | 6 . . | . . .
3 2 . | . . . | 7 . .
------+-------+------
9 4 . | 3 6 1 | . . .
. 1 . | . 7 . | . . .
. . . | . . . | . . .
```

5 - Medium

```
7 . . | . 8 . | . 6 .
. . 4 | . . 1 | . . .
. . . | 9 2 . | 3 1 .
------+-------+------
6 3 . | . 9 . | . 4 .
. . . | 1 7 . | . 8 3
. . . | . 5 . | . 7 .
------+-------+------
. . 3 | . . . | 9 . .
1 . . | . . . | 8 . .
4 5 9 | . . . | . . 1
```

6 - Medium

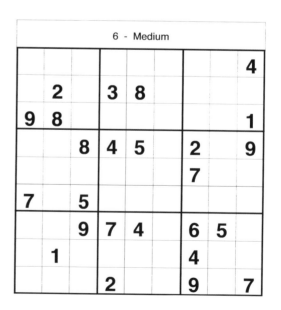

```
. . . | . . . | . . 4
. 2 . | 3 8 . | . . .
9 8 . | . . . | . . 1
------+-------+------
. . . | 8 4 5 | 2 . 9
. . . | . . . | 7 . .
7 . 5 | . . . | . . .
------+-------+------
. . . | 9 7 4 | 6 5 .
. 1 . | . . . | 4 . .
. . . | 2 . . | 9 . 7
```

```
G N T M K C O N V E R S A T I O N
I N T E R A C T I O N K U R I C E
O N P S T A N D A R D N D A E C I
C I S I L E N C E Q P X U I H U N
V K M O S H N E A H E A Z C H N I
I V N B R A A Y S M C K U S O Q G
U N O Y I E S N J I E E C L N N H
I C J L V N L P G W D R L O O E T
K I A I U N E A D I Z E I O R X M
W T T G E M B F U A N T M C V T H
I A P X U Q E C H N I G B S A E H
N X H E C V U H I L C H P O I N P
A S S E T Z Q O A C U H U G E N F
B U C R A F T O T B I L L I O N G
M L O W E R C S L E X P E N S E F
A L C O H O L E C O L O N I A L O
```

Alcohol	Italian
American	Launch
Asset	Love
Beside	Lower
Billion	Maker
Changing	Museum
Choose	Native
Climb	Next
Coalition	Occur
Colonial	Piece
Combine	Quote
Conversation	Silence
Craft	Sing
Expense	Source
Honor	Standard
Huge	Trail
Innocent	Volume
Insight	
Interaction	

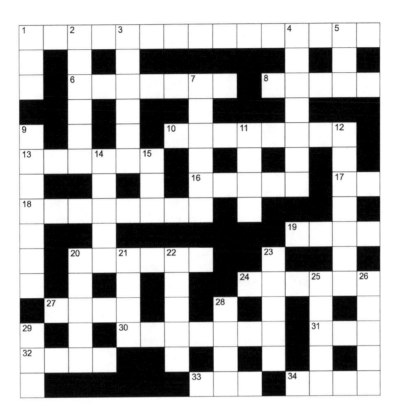

Across

1   It may take place in the conference room (15)
6   With a lively beat (7)
8   Feature presentations (5)
10 Stomach soothers (8)
13 Like some computer maintenance (6)
16 Furry Endor inhabitants (5)
17 Canadian __ ? (2)
18 Marching measures (8)
19 "Star Wars" guru who speaks strangely (4)
20 Hook onto (6)
24 They have chairs at the circus (6)
27 Lady Macbeth, today (4)
30 Joy. (7)
31 Sep. follower (3)
32 Blu-ray buy (4)
33 Gratuity (3)
34 Old Spanish coins (4)

Down

1   ___ Gurion Airport (3)
2   What inspiration can come in (6)
3   Floating (6)
4   Kowtowers (7)
5   Eleanor Roosevelt, ___ Roosevelt (3)
7   Play the ___ (bet on a horse race) (6)
9   Burned maliciously (7)
11 Soon, in a sonnet (4)
12 One tearing up the road (7)
14 Physically inactive (5)
15 European Union predecessor (3)
20 Tiny quantities (5)
21 Word with house or farm (4)
22 Unarmed, in police lingo (5)
23 Emerges (5)
25 Bring forth (5)
26 They might be bookmarked (5)
28 "___ and Let Die" (Paul McCartney hit) (4)
29 Gain a section (3)

1 - Hard

```
2 . . | . 1 . | 5 . .
9 . 4 | . . . | . . .
. . . | . . . | 2 6 .
------+-------+------
4 . . | . 2 . | 1 . .
. . . | . . 4 | . 7 .
. . 1 | 3 5 . | . . 9
------+-------+------
7 3 . | . . . | . 5 .
. . . | 4 . . | . . 8
. . . | . . . | . . 3
```

2 - Hard

```
. . . | 2 . . | 3 . .
3 7 . | . 8 . | . 6 9
. . . | . . . | 7 . .
------+-------+------
9 . . | . . . | 1 . .
. 3 . | . . . | . . .
4 . . | . 6 . | 3 5 .
------+-------+------
6 . 5 | 1 . 8 | 2 . .
. . . | . . . | . . .
1 . 8 | . . . | . . 3
```

3 - Hard

```
. 2 . | . . . | 1 . 4
. . . | . 8 . | . . 6
6 . . | 1 . . | . 2 9
------+-------+------
. 1 . | 9 . 3 | . . .
. . . | 8 . . | . . .
. 3 5 | . 7 . | 4 . .
------+-------+------
. 9 . | . . . | . . 2
. . . | 7 . . | . 5 .
. . 4 | . . . | . . 3
```

4 - Hard

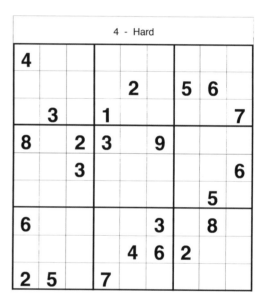

```
4 . . | . . . | . . .
. . . | 2 . . | 5 6 .
. 3 . | 1 . . | . . 7
------+-------+------
8 . 2 | 3 . 9 | . . .
. . 3 | . . . | . . 6
. . . | . . . | . 5 .
------+-------+------
6 . . | . . 3 | . 8 .
. . . | . 4 6 | 2 . .
2 5 . | 7 . . | . . .
```

5 - Hard

```
. . . | 7 8 . | 6 . .
2 . . | 6 . 1 | 7 . .
. . . | . . . | 4 . .
------+-------+------
. . . | . 4 . | . . 8
. . 8 | . . . | . . .
. 6 . | . 9 . | 1 . 4
------+-------+------
. 1 . | . . 7 | . . 5
. 7 3 | . . . | . . .
. . 4 | 2 . 5 | . . .
```

6 - Hard

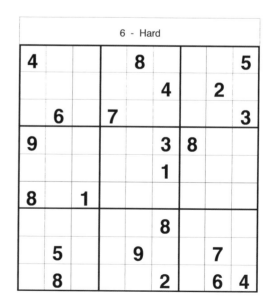

```
4 . . | . 8 . | . . 5
. . . | . . 4 | . 2 .
. 6 . | 7 . . | . . 3
------+-------+------
9 . . | . . 3 | 8 . .
. . . | . . 1 | . . .
8 . 1 | . . . | . . .
------+-------+------
. . . | . . 8 | . . .
. 5 . | . 9 . | . 7 .
. 8 . | . . 2 | . 6 4
```

7 - Medium

		9			7			3
		8	1				9	
	6	2					5	
				2				7
				4		6		
						8	1	
8		6			9	5	7	1
	1			7			8	
4			5				2	

8 - Medium

	8							
4		3			8	6		1
	5		4		2		9	7
				7				
	2					9	4	6
9								5
1								9
			6	5	3		7	
		4	1		9			

9 - Medium

							7	
		4	5				2	
		9	1			5		
	2		9			7	1	
	8				5			
7				4				3
			5			4	2	
			8					6
	9	6						

10 - Medium

8	1		2					6
5		2						8
			8	5		7	2	
	9			2				
	8	7				2		
		1	4	7				
4						8		
		4				2		
			6	8		9	1	

11 - Medium

		7	8					3
						4		
			5	1		6		7
		2		6		8	5	1
		3						
	9				4			
	8	1	4		6	7		5
9			7			1		6
							8	

12 - Medium

		3			7		8	
6								
				1		6		5
		1		6	8	9		4
3		7		1	2			8
			3					
	8			7				
				8	4			7
5					6			

```
S E R V I C E R E S I D E N T E P
M Y D E M P L O Y E E I L E S B H
P J Q A Y R L L S R L E H O C A I
O T E A R L L S E N E A R K S S L
S I F F R N N O A L T O I U B G S
I G C E U A Z O R O I U F R S M O
B X T O D R I T A T O G E P T E P
I I R Q N N N N T K N H S R A N H
L G C E Z V Y I E T C L T I N T Y
I O C O A P E B T A J Y Y S C D D
T W V H M D U R T U C K L I E A E
Y D N E A M E T T P R H E N R G C
D A N G E R A R I O R E A G S R L
O R A I T L G N O N R F W S G A A
O W I D N E N E D G L T H F E N R
H A T E J E X P A N S I O N O D E
```

Agree	Lose
Attach	Love
Brain	Near
Charge	Nine
Chase	Philosophy
Command	Possibility
Convert	Reader
Danger	Resident
Declare	Roughly
Election	Segment
Employee	Separate
Expansion	Service
Fill	Shoot
Furniture	Substance
Grand	Surprising
Ground	Tear
Hate	Upon
Lifestyle	
Literally	

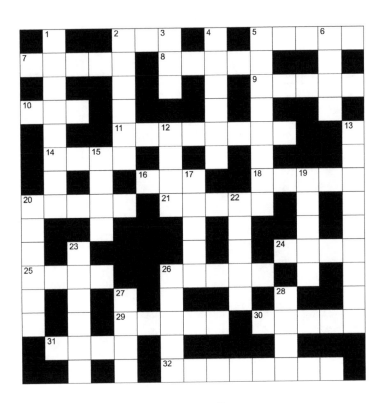

Across

2 Wedding phrase (3)
5 Pluck a uke (5)
7 Holy glows (5)
8 "___ Want to Get Well" (5)
9 Arrant (5)
10 The A in NATO (3)
11 Less important (8)
14 Email folder heading (4)
16 Alternative to NYSE (3)
18 Drum on (5)
20 Kept in the dark (5)
21 Irish islands (5)
24 Department of France (4)
25 "Yipe!" (4)
26 Sacs (5)
29 Embarrassing display (5)
30 Paid attention (5)
31 Intertwined (4)
32 Like a nurse who cares for newborns (8)

Down

1 Firm adherent to a cause (8)
2 "Life ___ a bowl..." (6)
3 Soybean product (3)
4 Fujiyama's island (6)
5 Pursuers of knowledge (8)
6 Someone logged in, possibly (4)
12 Hair (4)
13 ___ store (small family business) (9)
15 CBS police show with spinoffs in L.A. and New Orleans (4)
17 Old chum (5)
19 Cut into smaller pieces (5)
20 Ready, as a red carpet (6)
22 "More colorful" sloganeer (5)
23 Heartsore (6)
26 Not carrying a gat or shiv (5)
27 City SE of Torino (4)
28 "Freeze!" (4)

7 - Hard

```
. . 4 | . . . | . . 5
8 . . | . . . | . 9 .
. . 7 | . . 9 | 8 . .
------+-------+------
. . . | 7 . . | 3 4 .
5 . . | 3 . . | . 2 .
. . 6 | 1 . . | . . .
------+-------+------
. 8 . | 2 . . | 5 . .
. 2 . | 6 1 . | . . .
. 7 . | . . . | . . 6
```

8 - Hard

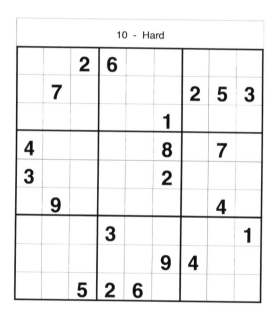

```
6 . . | . 8 . | . 4 .
. . 8 | . 9 . | 6 . .
2 . . | . . . | . . .
------+-------+------
. . . | 3 . . | . . 1
. 8 1 | . 6 . | . 7 .
. . . | . 4 . | . 5 .
------+-------+------
4 . . | . . 2 | 7 . .
. . . | . 5 . | . . .
. 3 . | . 1 . | . 8 4
```

9 - Hard

```
3 . . | . . . | . 6 .
. . . | . . . | 4 . .
. . . | 1 . . | . 2 .
------+-------+------
. 7 9 | . . 1 | . . .
8 . . | 5 6 . | 1 . .
. 6 . | 9 . . | . . .
------+-------+------
9 1 7 | . . . | . . 8
. . 4 | . . . | 5 3 .
. 8 . | 7 . . | . . .
```

10 - Hard

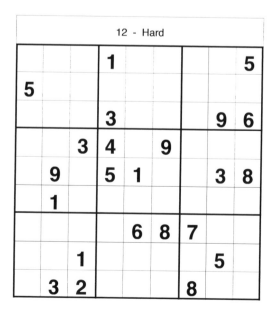

```
. . 2 | 6 . . | . . .
7 . . | . . . | 2 5 3
. . . | . . 1 | . . .
------+-------+------
4 . . | . . 8 | 7 . .
3 . . | . . 2 | . . .
9 . . | . . . | 4 . .
------+-------+------
. . . | 3 . . | . . 1
. . . | . . 9 | 4 . .
. . 5 | 2 6 . | . . .
```

11 - Hard

```
. 5 . | . . . | 9 . .
. . . | 3 4 . | . . .
. 3 . | . . 6 | 5 . 7
------+-------+------
8 . . | 2 5 . | . 6 .
. . . | 7 . . | . . .
. 2 . | 1 . . | . . .
------+-------+------
. 9 . | 6 . . | . . .
. . . | . 7 . | 4 1 .
. . . | . . 3 | 7 . .
```

12 - Hard

```
. . . | 1 . . | . . 5
5 . . | . . . | . . .
. . . | 3 . . | . 9 6
------+-------+------
. . 3 | 4 . 9 | . . .
. 9 . | 5 1 . | . 3 8
. 1 . | . . . | . . .
------+-------+------
. . . | . 6 8 | 7 . .
. 1 . | . . . | . 5 .
. 3 2 | . . . | 8 . .
```

13 - Medium

```
. . 5 | 6 . 7 | 4 . .
. . . | 2 . 5 | 9 . .
. . . | 1 3 . | . . .
------+-------+------
6 2 . | 7 . 8 | . . .
. 7 . | . 4 . | . 6 .
. . . | . . . | . 3 .
------+-------+------
. 9 . | . . . | 2 . .
. . 2 | . . . | 3 5 6
. 4 . | . . 2 | 8 . .
```

14 - Medium

```
1 . 9 | 2 . 5 | . . .
4 . . | . . . | 2 9 3
. 7 . | . 6 . | . . .
------+-------+------
. 2 . | 7 . . | . . .
. . . | . . . | . 4 8
. . . | . 7 . | . . .
------+-------+------
. 1 3 | . 9 4 | . 6 .
. . 7 | 6 . . | . . 9
. 5 . | 3 . 1 | . 2 .
```

15 - Medium

```
. . . | . . . | 3 . .
8 . 5 | . . . | . 1 .
. 4 1 | . 5 . | . . .
------+-------+------
4 5 . | . . 8 | . . 9
. 3 . | . . 4 | . . 2
. . . | . . 5 | . 7 1
------+-------+------
. 8 . | 1 . . | . 2 3
. 1 . | . . 2 | 9 . 8
. . 2 | . 9 . | . . .
```

16 - Medium

```
4 . . | . 9 3 | . . .
. . . | 2 7 . | . . .
. . 8 | 1 . 6 | . . .
------+-------+------
. . 6 | . . . | . 7 5
. . 1 | 5 3 . | 9 2 .
. . . | . . . | . . 1
------+-------+------
. . . | 5 . . | . . 2
7 . . | . . . | 6 5 9
. 3 9 | . . . | 4 . .
```

17 - Medium

```
5 1 2 | . . . | . . 9
. . . | . 5 . | . . .
. . 9 | 2 8 . | . . 6
------+-------+------
. 3 . | . 4 . | . 7 .
. . 7 | . . 5 | . 3 .
. 9 . | . 6 . | 1 . .
------+-------+------
. 4 . | . . . | . 8 .
. . . | . 3 . | . . 1
9 . 6 | . . . | . 4 .
```

18 - Medium

```
. 8 . | 3 . . | 4 . 2
4 . . | . 9 . | . . .
3 . . | . . . | 1 . .
------+-------+------
. . . | 1 . . | . . .
6 . . | 2 1 . | . . .
2 4 8 | . . . | 6 . .
------+-------+------
. . 7 | . . 9 | . 2 .
. . . | . 2 8 | . 6 .
8 1 . | . 5 3 | . . 7
```

```
P C I F V E G E T A B L E N L J T
R T R L S R E M A R K A B L E K H
E V S E I G J S Z C O N S U M E E
G B T S N I M U S E U M O Q P L R
N E A H T N B U I L D I N G S V E
A S T L E F A W X D P E X E W A F
N T I O L O R D E B E R I D E W O
C A O C L R E M V E A L I V E O R
Y B N C E C F B O I K N I C T R E
C L D U C E U F U R S E A N E D J
Z I I P T R S P D G A E N H E R T
T S V A U E E A G S D L C D Y S O
C H O T A Z O S E U A R Y D T U S
O M R I L R Z S N M O L Q U I C K
U E C O B C I A E P U L A U P H E
R N E N N J U G P A T C H D M Z X
T T H Z L I C E N S E C H M A K E
```

Advise	Passage
Alive	Patch
Ball	Porch
Broad	Pregnancy
Building	Price
Consume	Quick
Court	Refuse
Divorce	Reinforce
Establishment	Remarkable
Flesh	Salad
Gene	Station
Guideline	Such
Intellectual	Sweet
License	Therefore
Make	Vegetable
Moral	Weekend
Much	Word
Museum	
Occupation	

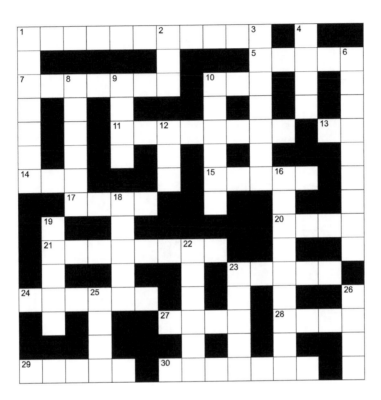

Across

1 He was in the rag trade (11)
5 Not as up-to-date (5)
7 What gallium will do at about 86 degrees F (7)
10 2007 Pan American Games host (3)
11 Name check to see who's present (8)
13 Music source (2)
14 Creative class (3)
15 Actor Joe of "My Cousin Vinny" (5)
17 '-- Cassius has a lean and hungry look' (4)
20 Santa -- (hot desert winds) (4)
21 __ only (8)
23 Thwart (5)
24 Kilt cloth (6)
27 Flag down a cab (4)
28 Native Andean (4)
29 It's hellish (5)
30 City on the Ganges. (7)

Down

1 Equal alternative (7)
2 West Coast beer brand, informally (3)
3 Soup add-ins (7)
4 What comes to mind (4)
6 Disorderliness (9)
8 Kind of keyboard (6)
9 First name of the architect of the Gateway Arch (4)
10 Directions for making something (6)
12 Moon vehicle (3)
16 Place to patrol (9)
18 Kind of warrior (5)
19 '93 Pumpkins smash (5)
22 Kindhearted (6)
23 Greek letter signifying change (5)
25 Not exactly thrilling (4)
26 Parakeet pad (4)

13 - Hard

			2					
1						3	6	8
5	8			7				
	3	8			2			7
		7	3			1		
4								
	9		6	5				
				9				
						8		4

14 - Hard

							1	
			2	3				
	7	9						3
1			2	5				
	6					9		
		3		4			7	5
8	4					2		1
			6			5		
		2	5					

15 - Hard

				5			7	
8		2					1	
		3				5		
			3					
9				4				7
		4	1	8			3	
	7	8						4
	2				8			
4		1		3				

16 - Hard

						2	9	
	1	7						
		3		6				4
7				8		4		
4		5	3					9
6		8			9			
							6	
3			1					
			4	2	9			

17 - Hard

3	9							
7					5			
2		4		8			1	
			1			8	2	3
			3					
		8			2	4		
			6	7	1			
			9					4
	7					2		

18 - Hard

	7	8		3				
		5	1					4
			7	2				
								2
						4	7	
5		9			4	6	1	
								1
				6			5	9
2	3		4					

19 - Medium

					4	3	1	2
			8					
		4			3	5		
7			2				5	
		6		7			4	
			9					
	9		1				3	5
	7	1	3					9
	2	5		9		8		

20 - Medium

	2	5					7	
1		9			2	5	4	
3		6						
			7			1		9
9				8	5			6
5			3			2		8
	3					6		
6								
			9		1			

21 - Medium

2					3	6		
		4		7				5
	6	5	1	9				
8	4		7		9			
	9	3			8			
5								2
						3		
		9		4	2			
		1		8	7			9

22 - Medium

	8							
5	3				1	9	6	8
					2	4		5
		3	1	9				
1			3			5		
8						3	2	
2	6							
	9					8	3	
			5	4				

23 - Medium

9		8					7	1
		3	9				4	
			2			5		
		1	6		8			
	2	4				7		
5	8		4					
1		5				9	3	
3				2				
		2						4

24 - Medium

		9			4	7		
	2			6				9
4	8	6		2		3		
			4	1			6	
8	7				6			
9					5			
6								
1				8				2
5		2		4			1	

```
A I R P O R T V C C H A R T T Y O
Q S S O L N Q I C I P A S T H R C
D U J T W T H R E A T E N Y A T A
D B B E P T R A C E D P R E T H L
E S P L U B K L D I R T C D Q E L
P T J E R A H L H F S K I N D A X
R A S S P R T N L U S L I P I D C
E N M C O R W I D E N T I F Y R O
S T E O S E E N H O M E L E S S M
S I L P E L I V E G E T A B L E M
I A L E L E C T I O N G F G F Q I
O L C O L O N I A L U F R A C M S
N D A R K N E S S T L K I L L A S
F P R O T E C T T Z H C C A B N I
T E M P E R A T U R E A A X X N O
S D A L E W I L L I N G N Y V E N
P O T E N T I A L N M G J K N R S
```

African	Manner
Airport	Past
Barrel	Potential
Call	Protect
Chart	Purpose
Colonial	Slip
Commission	Smell
Darkness	Substantial
Depression	Telescope
Dirt	Temperature
Election	Thank
Galaxy	That
Head	Threaten
Hide	Trace
Homeless	Vegetable
Identify	Willing
Industry	
Kill	
Kind	

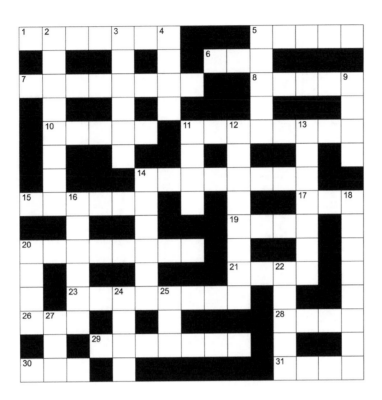

Across

1 Small bone, as in the ear (7)
5 Haloed messenger (5)
6 Modern Maturity readers, briefly (3)
7 Render motionless (8)
8 Heels' preceders (5)
10 Cause of sleep disturbance (5)
11 Sandbank's spot (8)
14 Trial conferences (8)
15 Lacking the required capacity (6)
17 Frequent hot tub comments (3)
19 Bottom row PC key (4)
20 Sitcom with a robot named Hymie (8)
21 Races before a race? (4)
23 "I swear to God ..." (8)
26 Insect that lives in a mound (3)
28 Circular header (4)
29 Twisting action (7)
30 Distance units (3)
31 Rag on (4)

Down

2 Apply to, as bread (8)
3 Nut mix morsel (6)
4 Site of ancient Olympic games (4)
5 N.A.A.C.P. or N.C.A.A. part (5)
9 Supersonic planes (4)
11 Conventions, for short (4)
12 "White meat tuna" (8)
13 Most of Google's income (7)
14 Siesta cover (6)
16 Picasso or da Vinci (6)
18 Hot-tempered type (8)
20 Lady ___ (pop star with the new album "Joanne") (4)
22 Windshield flap (5)
24 "___ Dreams" (1994 documentary film) (4)
25 Rural ways (3)
27 "Stella by Starlight" lyricist Washington (3)

19 - Hard

				2	5		4	
		3						6
6							8	
		7		9				
8	4		2			1	5	
		1			6			
	2							
	6			3				5
					9	3		1

20 - Hard

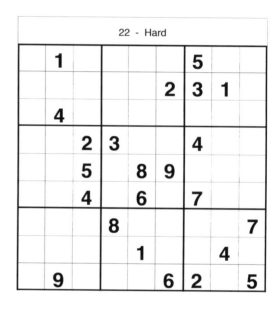

						1		4
	6		8		2	5		
9	8	2						
							3	
	7		5					
1						4		
	5	9		8				2
4					3		9	

21 - Hard

		8	5			2		
	3						7	
6		4						1
	6		1					
	1				6	9	5	
					2			3
			9			1	5	2
7		9			3			

22 - Hard

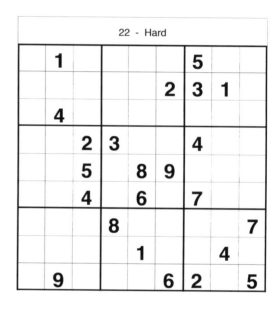

	1					5		
					2	3	1	
4								
	2	3				4		
	5		8	9				
	4		6			7		
		8						7
			1				4	
	9				6	2		5

23 - Hard

							4	
2			7		8			
	4		5		2	3		
				3	6			
			2					
	6		4			7		
					5	6	7	
	4					1	9	
8				6		5		

24 - Hard

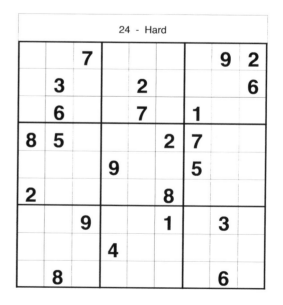

		7					9	2
	3			2				6
	6			7		1		
8	5				2	7		
			9			5		
2					8			
	9				1		3	
			4					
	8						6	

25 - Medium

		8			5	6	3	
6		2	3					8
		5						4
7				9		2		
2	5		1		7			
				6				
			7		8			2
			2					3
4		9				5		

26 - Medium

			4				1	
	8		9	2		3		
	9				6	8		
8			6					
			7	1		4	3	
							8	2
	4			9	7			1
5		9	2					3
		1						

27 - Medium

					6			4
		3						5
5			4		9	1		6
4	5			3	7		2	
7			2					3
	3	6		1				
			8	9				
	7		5				6	
3							8	

28 - Medium

1		3						
	4		9				7	2
			7					1
			9	8		1		5
			8				2	4
4								
	9	6	1			3		
	8	4				6		
2	1				4			

29 - Medium

4	3					8	7	
2							1	
		1	2					4
			6	4				
5		6		3	2			1
				9		6	4	
	2		1		7			
3		8						
1		5					2	

30 - Medium

		4			3			9
7				4				6
				6	8	7	4	3
9	1			3	7			
	5							
8		2			6			
5							9	
	4		9				7	
	7		6			5		

```
C O N M I D H I G H L I G H T J C
R N E G O T I A T I O N H D C W O
I D I R E C T T K C D Z Z D G O A
T I M M E D I A T E E F E N Q T L
I N I R E M O S Q D F A I S Z H I
C O N F I D E N C E E T Y J G E T
Q T A L L I A N C E N W H I S R I
C I M P T N Q U O U S C S N O S O
F O N D E B A M H T I K P W U O N
W N M T H S R V S P V N F E L E P
E Q F E E A U B J F E M L M A S S
L O T S E Y O U R Z M A Y O R Y M
F L I W L H Y N F B T T T H I S B
A D S L O L Q E L S E W H E R E H
R R F S P R I N G K K N R A R L A
E M I M P R E G N A N T D H N D V
M A I N T E N A N C E S T R I K E
```

Alliance	Mayor
Bend	Negotiation
Coalition	Notion
Come	Often
Confidence	Others
Critic	Pregnant
Defensive	Sauce
Direct	Sigh
Elsewhere	Soul
Have	Spring
Heel	Strike
Highlight	Swear
Hunting	Tale
Immediate	Thank
Imply	This
Limit	Welfare
Lots	Your
Maintenance	
Mass	

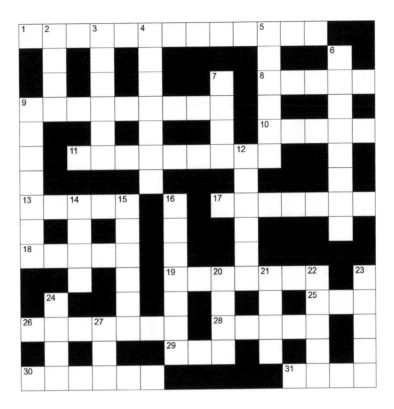

Across

1. "Moulin Rouge!" actor who played Chi-Chi the drag queen in "To Wong Foo ..." (13)
8. Tapered topper (5)
9. Site of Fenway Park's Green Monster (9)
10. Wrist-holder's finding (5)
11. Kinds of alcohol that lend their name to birthmarks (9)
13. Old port of Rome (5)
17. Hardwood tree (7)
18. "What's ___ like?" (5)
19. Towering statues (7)
25. Boston Garden legend Bobby (3)
26. Word repeatedly spelled out by Franklin (7)
28. Be amorous, in a way (5)
29. South African golfer with four major championships (3)
30. Boxer's spot (6)
31. Canaveral or Cod (4)

Down

2. Wind with a double reed (4)
3. Within arm's length of (6)
4. Boy in 'E.T.' (7)
5. "___ Fables" (6)
6. What blocs and lobbys use. (8)
7. Take way too much of, briefly (4)
9. National ___ (former humor magazine whose writers created the movie "Animal House") (7)
12. Pucci of fashion (6)
14. "S'long" (4)
15. "___ santé" (6)
16. Drill, e.g. (7)
20. It's more in an adage (4)
21. Stash overhead, say (4)
22. Part of modern-day Turkey (5)
23. Female wild buffalo (5)
24. Ice hockey feint (4)
27. Roaster. (3)

25 - Hard

```
3 . . | . 2 4 | . . .
. . . | . 9 . | . 1 6
. . 4 | . . . | . . .
------+-------+------
. . 8 | . . . | . 5 3
. 1 6 | . . . | 8 . .
. . . | 1 . 7 | . . .
------+-------+------
. . . | . 4 . | 6 3 .
. 8 . | . . . | . . 4
2 . . | . 5 3 | . . .
```

26 - Hard

```
. . 3 | . . . | 9 . .
. . . | 6 . . | . 2 .
. . . | . 4 . | . . 3
------+-------+------
. 9 . | . . . | . . .
. . . | . . 9 | 1 6 4
. 7 . | 3 . . | 1 5 8
------+-------+------
. . . | . . 8 | . 3 .
. . 5 | . 2 . | . . .
7 . . | . . . | 6 9 .
```

27 - Hard

```
3 . 7 | . . 1 | . . .
. . . | . . . | 6 . .
. 5 . | 9 . 4 | . 3 .
------+-------+------
. 3 . | . . . | . . 4
. . . | 6 . . | 5 . .
7 . . | 8 . . | 2 . 3
------+-------+------
. . . | . . . | 3 . 8
. . 4 | . . . | . 2 .
. . . | 2 . . | 4 . 9
```

28 - Hard

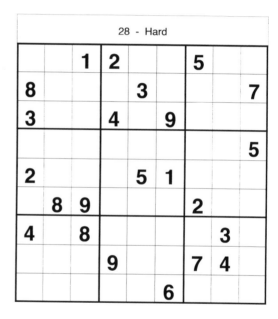

```
. . 1 | 2 . . | 5 . .
8 . . | . 3 . | . . 7
3 . . | 4 . 9 | . . .
------+-------+------
. . . | . . . | . . 5
2 . . | . 5 1 | . . .
. 8 9 | . . . | 2 . .
------+-------+------
4 . 8 | . . . | . 3 .
. . . | 9 . . | 7 4 .
. . . | . 6 . | . . .
```

29 - Hard

```
. 8 . | 3 . . | 2 . .
. . . | . . . | . 3 9
. . 2 | 4 . . | . . 7
------+-------+------
. . . | . 3 . | 6 . .
5 . 4 | . . . | . . 1
3 . . | . 2 . | . . .
------+-------+------
2 7 . | . . . | . . 6
. . . | 1 . 6 | 5 . .
. 6 . | . . . | 9 . .
```

30 - Hard

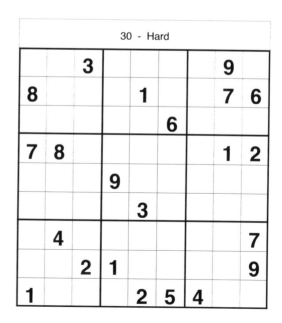

```
. . 3 | . . . | 9 . .
8 . . | . 1 . | . 7 6
. . . | . 6 . | . . .
------+-------+------
7 8 . | . . . | . 1 2
. . . | 9 . . | . . .
. . . | 3 . . | . . .
------+-------+------
. 4 . | . . . | . . 7
. 2 1 | . . . | . . 9
1 . . | 2 5 4 | . . .
```

31 - Medium

```
. . 2 | . 1 . | 3 . .
. 7 . | 4 2 . | 9 . 5
9 . . | . . 7 | . . 4
------+-------+------
. . 6 | 1 . 9 | 7 . .
3 . . | . . . | 2 . .
. . . | . . 3 | . 1 .
------+-------+------
. . . | 7 . . | . 9 3
. . 7 | . . . | 4 . .
. 4 . | 6 . 2 | . . .
```

32 - Medium

```
1 . . | . 9 . | 2 . 4
. . 2 | . . 4 | . . .
. 9 . | . . . | . . .
------+-------+------
. 5 . | . . . | . . .
. . . | 9 . 6 | . 3 .
. . 1 | . . 7 | 5 6 8
------+-------+------
. 6 3 | . 4 . | . 7 .
. . . | 7 . . | . 4 .
2 . . | 3 . . | . . 1
```

33 - Medium

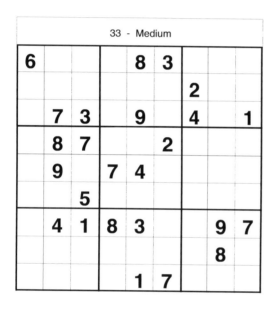

```
6 . . | . 8 3 | . . .
. . . | . . . | 2 . .
. 7 3 | . 9 . | 4 . 1
------+-------+------
. 8 7 | . . 2 | . . .
. 9 . | 7 4 . | . . .
. . 5 | . . . | . . .
------+-------+------
. 4 1 | 8 3 . | . 9 7
. . . | . . . | . 8 .
. . . | . 1 7 | . . .
```

34 - Medium

```
. 7 . | 9 . . | . . 2
8 1 . | 4 2 . | . . .
. 5 . | . 3 . | . . .
------+-------+------
2 . 1 | . 5 . | . . 3
. . . | 2 . 1 | 8 5 .
. . . | . 6 4 | 2 . 7
------+-------+------
. 9 . | 7 . . | . . 4
. . . | . . 2 | 6 . .
. . . | . . . | . . 8
```

35 - Medium

```
. . . | . . . | 2 3 .
. . 6 | . . . | 4 . 1
. . 8 | 2 3 . | 7 . .
------+-------+------
. . . | 4 8 . | . . .
. . 4 | 5 . . | . . 9
. 8 . | 6 . . | . . .
------+-------+------
. . 9 | . . 4 | . 6 7
3 . . | . . 7 | . . .
. . 4 | . 2 . | . 5 .
```

36 - Medium

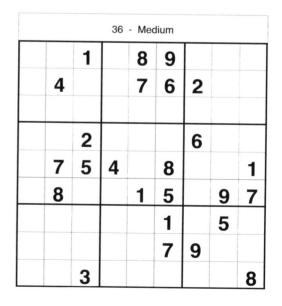

```
. . 1 | . 8 9 | . . .
. 4 . | . 7 6 | 2 . .
. . . | . . . | . . .
------+-------+------
. . 2 | . . . | 6 . .
. 7 5 | 4 . 8 | . . 1
. 8 . | . 1 5 | . 9 7
------+-------+------
. . . | . . 1 | . 5 .
. . . | . . 7 | 9 . .
. . 3 | . . . | . . 8
```

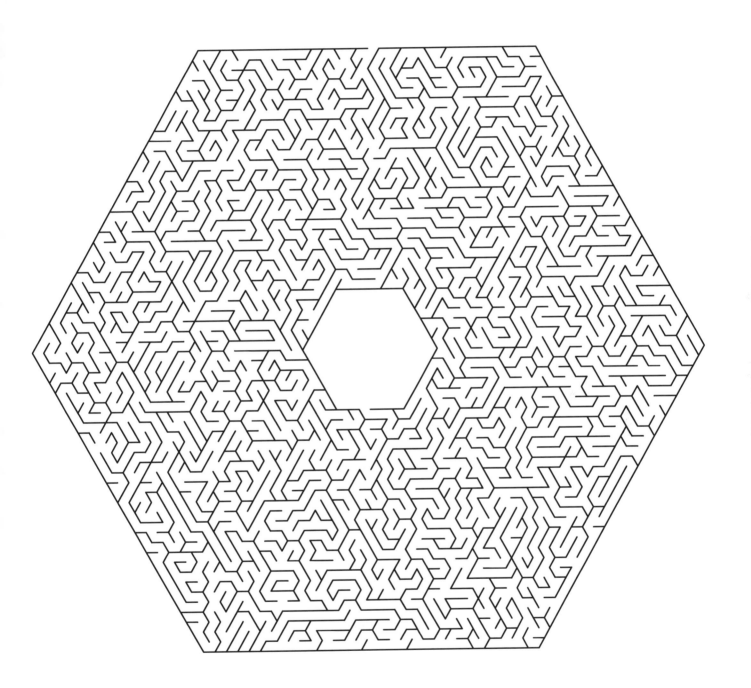

```
G I U S D O D I S C I P L I N E M
S T R A N G E R N U T H E E C J U
U C U R R E N T L Y C T H I N G F
F L A N D S C A P E E C M O V I E
F E A T U R E Y M C T B E P F T Q
I M A G I N E T N I E C M S S O U
C O I N A N T E K H O P E U S B A
I N E I R S U M K V K W J D C R L
E D S U Q H P D C C I C I R I L
N A O V E G M H O O O T R R E E Y
T J F S I T R A U M U H I E S F D
E H N E I E E S B E N D T C E L D
S O W M T R A I L D T R E T A T U
C W M E D K L Z E Y E A R L R H B
P O M J S A L E D V R W I Y C R O
C M L A M G Y W B L E T A Q H O R
R B T D R A M A T I C A L L Y W N
```

Asian	Journey
Born	Just
Brief	Kitchen
Cold	Landscape
Comedy	Meter
Commit	Movie
Consequence	Really
Counter	Research
Criteria	Stranger
Currently	Success
Directly	Sufficient
Discipline	Task
Double	Thing
Dramatically	Throw
Emphasize	Weigh
Equally	Withdraw
Feature	
Hope	
Imagine	

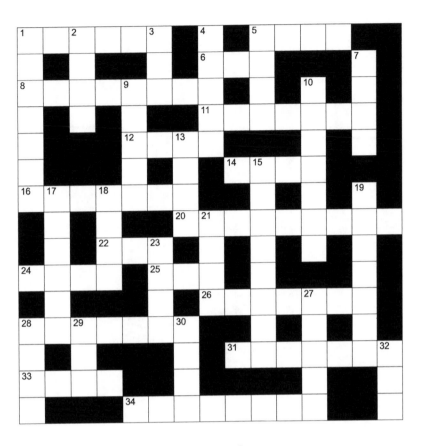

Across

1 Kind of cake (6)
5 Accused person's bond (4)
6 Egg, in old Rome (3)
8 Pale yellow— a primula (8)
11 Stingy person (7)
12 Nonsense comedy of 60's TV (4)
14 Subtle come-on (4)
16 Vast Asian region of Russia (7)
20 Pacemaker? (9)
22 Communications corp. (3)
24 ___-Hartley Act (4)
25 One-pip domino (3)
26 Popeye favorite (7)
28 Most deliberate (7)
31 Understand (7)
33 Words of self-denial? (4)
34 Pancake flippers (8)

Down

1 Cowboys-and-Indians toys (7)
2 "___ Coming" (1969 hit) (4)
3 Expressive music (3)
4 Ceaselessly (5)
5 Blast noise (4)
7 Beatty and Buntline (4)
9 This often spreads like wildfire (5)
10 Money business (7)
13 Ancient land east of the Tigris (4)
15 'You have my word' (8)
17 Nation since 1948 (6)
18 Tighten, maybe (4)
19 Hard things to hit (7)
21 Times in classified ads (4)
23 Lays down road (4)
27 Perfect test grade (5)
28 Compatible (with "in") (4)
29 Leftover tidbit (3)
30 "Toodles!" (4)
32 Lobe locale (3)

31 - Hard

```
8 . . | 1 5 . | . . 3
. . . | . . 4 | . . .
6 . 1 | 2 8 . | . . 9
------+-------+------
. . 7 | . . . | . 4 .
. . 5 | . . . | . . 8
. 3 . | 4 . 5 | 9 . .
------+-------+------
4 9 . | 7 . . | 3 . .
. . . | . . . | . . 2
. . . | . . . | . . .
```

32 - Hard

```
3 1 . | 9 . 5 | . . 2
. . . | . . . | 9 . 3
8 . . | . . 1 | . . 6
------+-------+------
1 . . | . 7 . | 5 . .
. . . | . 8 . | 2 . 7
. . . | . . . | . . .
------+-------+------
9 . . | 2 7 . | 4 . .
. . . | 5 . . | . . .
. . . | . 3 8 | . . .
```

33 - Hard

```
. 8 . | . . . | . 9 4
. . 4 | . 8 . | . . 1
. . 3 | . . . | . . .
------+-------+------
6 2 . | . 9 . | . . .
. . 7 | . . . | 6 . .
. . . | . 4 . | . . .
------+-------+------
. . . | 6 . . | 3 2 9
. . . | 1 . . | . 8 .
2 7 . | 4 . . | . . 6
```

34 - Hard

```
. 7 . | . . . | 5 . 2
6 9 . | . 8 . | . . 1
2 . . | . . . | . . .
------+-------+------
. . 8 | . 6 . | . 5 .
. 3 7 | . 4 . | . 9 .
. . . | . 3 . | . . .
------+-------+------
. . . | 1 . . | . . .
. . . | 5 . . | 8 7 .
. . . | 9 2 . | . . .
```

35 - Hard

```
. . . | . . . | . . .
. 7 . | 4 . . | . . .
. 9 5 | 8 . . | 6 . .
------+-------+------
. 1 . | . . . | . 7 .
. 3 . | 9 . . | . . .
. 8 4 | . . 5 | . . 2
------+-------+------
1 5 . | . . . | 8 2 .
. 6 . | 1 2 . | . 4 .
. . . | . . . | . . 6
```

36 - Hard

```
. . 9 | . . . | . 2 .
8 . . | . . . | . . .
. . 7 | 8 . 4 | . 1 .
------+-------+------
. . . | . 7 . | 4 . .
4 2 1 | . 6 9 | . . .
. . . | . 3 . | . 9 .
------+-------+------
7 . . | 8 3 . | . . 5
3 . . | . 5 . | . 8 .
. . . | . . . | . . .
```

37 - Medium

4		7			3			8
					7		1	
	1					4		
			6	9	2			3
		5				7		
			8				9	1
	9	3	8				4	
			3	1	6	2		

38 - Medium

								8
	7	9						2
	5		9		8		6	
	9		6	7				
4	8		5	3		6		
7	2						3	
		3		6		7		
			7					
			8			3	1	

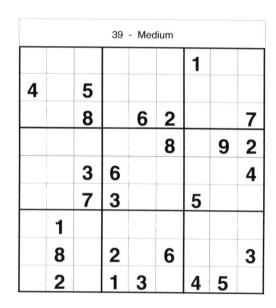

39 - Medium

						1		
4		5						
		8		6	2			7
					8		9	2
		3	6					4
		7	3			5		
	1							
	8		2		6			3
	2		1	3		4	5	

40 - Medium

3		1						
	6					2		
	9						3	
5			2					4
			6		8			
	7				1		2	3
7	5				9			1
		2	3	6	7			8
						9		

41 - Medium

9				5			3	
2			4				6	5
						7		9
						3	8	
				2				6
	8	2		6	7			
	5	3		7		9		
	2			9				
1			9	5	2			

42 - Medium

3			8				2	
7		8	2				3	6
			9		6		4	
	1		5		4			
			3				5	
5				8	9	3		
		7				8	4	
		5				7		
				7			1	

```
M E D I C I N E U D T S H I F T Y
M P A W O U L D U I L E T N I L H
D L A R A D E O U S A C H P P Z Y
U A O E R G L R G T A R E E G S S
B C A S O C F A E I P E R H X C O
O P T R N A W I E C O A F H F E L
V E E V D F L L T T I R O T L N B
E N M A R K A I I N Y R N T T E
R H P T C F Y T C O T C E K E I A
A A T I I Y E Y K N A G X W L S U
L N E O F U R T H E R M O R E T T
L C O N T R O V E R S I A L P A I
K E A F T E R N O O N H U S H N F
E L E C T R I C G O L D E N O G U
L H B A D L Y C W I D E L Y N O L
U C U E X A M I N A T I O N E K N
```

Ability	Medicine
Afternoon	Overall
Appoint	Place
Around	Reply
Attempt	Reservation
Badly	Scientist
Beautiful	Secretary
Cloud	Shift
Controversial	Skin
Distinction	Soon
Electric	Telephone
Enhance	Therefore
Entry	Widely
Examination	Would
Fruit	
Furthermore	
Genetic	
Golden	
Layer	

100

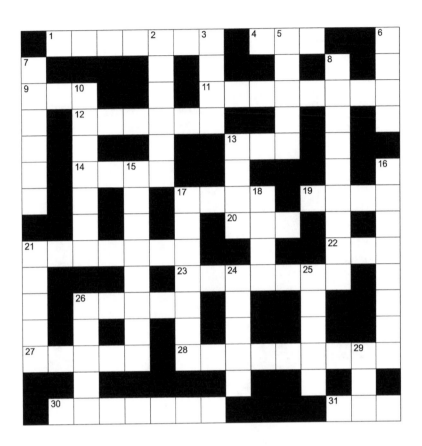

Across

1 Picture of health? (7)
4 Mr. Capote to friends, (3)
9 Holly's role in "The Piano" (3)
11 Drag during the day? (8)
12 Do some arm-twisting (6)
13 Adult pullet (3)
14 Printer's buys (4)
17 They may provide relief (4)
19 Prefix with chord (4)
20 Have debt (3)
21 Near the bottom (7)
22 It. is there (3)
23 Peripatetic people (7)
26 When many Trojans were used as protection (5)
27 Ides' counterpart (5)
28 Slavs and Croats, e.g. (9)
30 Sign of a rash (7)
31 Syllable before "la la" (3)

Down

2 Boorish dudes (6)
3 Kauai goose (4)
5 Irradiated pteranodon of Japanese cinema (5)
6 They may provide relief (4)
7 Role of many a Medici (6)
8 Star-Belly and Plain-Belly Seuss creatures (9)
10 Accomplish. (7)
13 Injection, for short (4)
15 Red moles (8)
16 Whom insurers often pass up (8)
17 1977 Tony nominee Andrea for the title role in "Annie" (7)
18 Participated in the Summer Games, perhaps (4)
21 "Dream Lover" singer Bobby (5)
24 Jose Cruz, for most of his career (5)
25 Delhi princess (5)
26 Concave bellybutton (5)
29 "Fresh Air" network (3)

37 - Hard

1	9				5	4		
			2					3
	4					2		
			9					
		1						
4			6	5		9		
			5		2			
	6			1				8
3		8			4			

38 - Hard

2						6	7	
		9			2			
6				1		5		
						8		
	5		2					
4	9	1		8	7			
			5			4		
5				8				7
				9				6

39 - Hard

_	7	5					1	6
		3		6				
		2		9		5		
	3							
			5				7	2
9			1			5		
						6		
						3	4	
	1			2	7			

40 - Hard

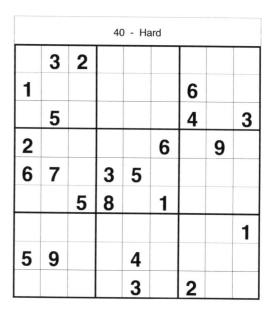

	3	2						
1						6		
	5					4		3
2					6		9	
6	7		3	5				
		5	8		1			
								1
5	9			4				
				3		2		

41 - Hard

				4	1			
			3					
7								9
	3	8	1	5				
			9	3				7
								4
			7				2	
	2	1				8		3
		3	8	2				1

42 - Hard

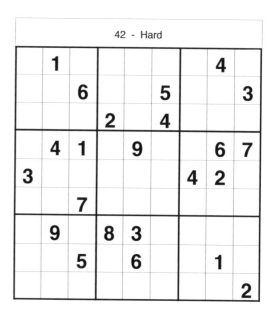

	1					4		
		6		5				3
			2		4			
	4	1		9			6	7
3						4	2	
		7						
	9		8	3				
		5		6			1	
								2

43 - Medium

	1	2	8		4	3		9
					5	8		4
	5			4	9	1		
	7		3					
			7	5				8
8							4	7
				8			2	
9				1	7	5		

44 - Medium

8		3	2	7		1		4
		1	3			8		7
		2				6		
1								2
				8	1		6	
4		7		2		9		
			5			4		
	7			6				
			1		2			

45 - Medium

1		9		4				
2						3	8	
8	3		5	2				
	4						7	9
9		5			6	8		
	8			5	3		4	
3								
	7			3				
5					7	2		

46 - Medium

3		1				7		
6				5				
	5			2		1		4
	6		4			8	3	
9	3		2					
			3			6		
			1	6		4	7	
2			9				8	6
						2		

47 - Medium

		6				4	2	
				9				1
5		9	1					6
7						6		
					1	8		
	8		4	6			9	
	5			3	2	9		
	3		5		8		6	
	4	7						

48 - Medium

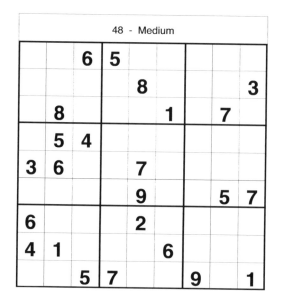

		6	5					
				8				3
	8				1		7	
	5	4		7				
3	6						5	7
				9				
6				2				
4	1				6			
		5	7			9		1

```
P E R S O N C U S T O M E R T F R
R E S T A B L I S H M E N T U G J
O I J C O S A X C O L U M N D W Z
F D F Q H Y P O L I T I C A L L Y
I O I V G V N T H R E A L H K F C
T C V V O O M O N I T O R F L E Z
X U N G I O C O N S I D E R R K O
A M Q T R D I G S P R E A D O B C
Y E A F J K E M Y S E L F O U R O
O N S C O N S T R U C T I O N I N
U T R E S T H C G R A I N A D E S
N I P R X I I E N E L A F V E F T
G M V Z P C T A I L L R I N G I I
D A T F C A C R I T I C A L U H T
Y V I O L A T I O N O L Q R G E U
V Y M I N O R I T Y P M F F A C T
R E M A I N I N G O V E R A L L E
```

Brief	Nation
Column	Overall
Consider	Person
Constitute	Plane
Construction	Politically
Critical	Profit
Customer	Real
Divide	Recall
Document	Remaining
Establishment	Rest
Fact	Ring
From	Round
Fruit	Shit
Grain	Spread
Late	Tail
Make	Violation
Minority	Young
Monitor	
Myself	

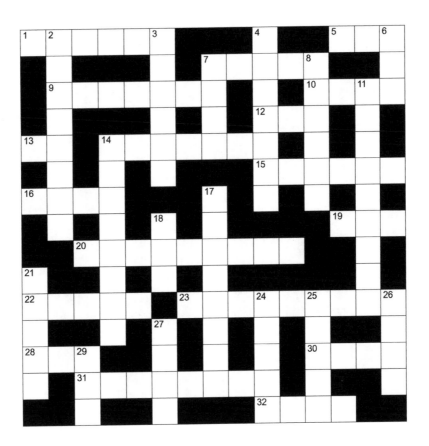

Across

1 Author of "Work in Progress" (6)
5 2014 Burns miniseries subject (3)
7 Electrical by-pass (5)
9 Liquid used in dyes (7)
10 Large-format movie screen (4)
12 Ceramic pot (3)
13 'Absolutely not!' (2)
14 "The Faerie Queene" poet Edmund (7)
15 Key of Anton Bruckner's Symphony No. 7 (6)
16 When doubled, a shout of approval (4)
19 Bear cave (3)
20 Of projectile motion (9)
22 Sharp, as a razor (5)
23 More or less (9)
28 One, in Spain (3)
30 U.S. city near Russia (4)
31 Screenwriter's start (8)
32 "Mila 18" novelist (4)

Down

2 Song on the album "Beatles '65" (8)
3 Hungarian-born conductor (6)
4 Sewed up (7)
6 Old sovereign (3)
7 Sailors' domain (4)
8 "The Wizard of Oz" character (6)
11 It might help you gain your Focus (9)
14 Banner (8)
17 Find (8)
18 "When We Were Kings" king (3)
21 Word puzzle with pictures (5)
24 "How ___ do?" (5)
25 Mensa members (Var.) (5)
26 Incessantly (4)
27 Rooster's place up high (4)
29 Bach's east (3)

43 - Hard

```
. . . | . . . | 6 2 .
. 9 . | . . 1 | . . .
. 8 . | 6 . . | . . .
---------------------
. 3 . | . . . | 7 . .
5 9 . | . . . | . 8 4
. 4 . | . . . | 1 . .
---------------------
. . . | 7 . . | 2 6 .
3 . . | . 5 . | . . 8
. . . | 9 4 . | . 1 .
```

44 - Hard

```
. . 9 | . . . | . 3 .
. . . | 2 1 . | 9 . .
. . . | 7 . . | 2 5 .
---------------------
. 3 . | . . . | 7 . .
. 1 6 | 8 . 3 | . . .
. 4 . | . . 5 | . . .
---------------------
5 . . | 4 . . | . . .
. . 7 | . . 8 | . 6 .
. . . | . 6 . | . . 8
```

45 - Hard

```
. . 8 | 7 . . | . . 2
. . . | 6 8 . | 1 . .
. . . | 5 . . | . . .
---------------------
. . . | . 2 3 | . . .
. 5 2 | 1 . . | . . .
. 6 . | . . . | 5 . .
---------------------
. . . | 8 9 . | . . .
. 7 . | 3 . . | 9 . 5
4 . . | . . . | 6 . .
```

46 - Hard

```
. . . | 1 7 . | . . .
3 . . | . . . | . . 7
. . 9 | . 2 . | . . 6
---------------------
. . . | 4 . . | 3 . .
8 2 1 | . . . | 7 . .
. . . | . . . | . 1 .
---------------------
. . . | . 8 . | 3 . .
5 1 . | . 4 . | 2 . .
. 9 . | 2 6 . | . . .
```

47 - Hard

```
. . 6 | . . . | 3 5 .
. . . | 2 . . | 6 . 9
. 7 . | . . . | . . .
---------------------
6 . . | 8 5 1 | . . .
9 . . | 4 . . | . . .
. . . | . 1 9 | 6 4 .
---------------------
. 1 2 | . . . | . . 3
5 4 . | . . . | . . .
. . . | . . . | . . 7
```

48 - Hard

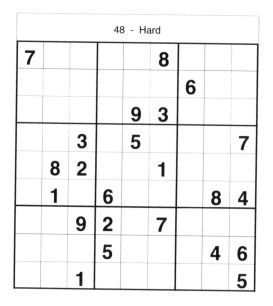

```
7 . . | . . 8 | . . .
. . . | . 6 . | . . .
. . . | 9 3 . | . . .
---------------------
. 3 . | 5 . . | . . 7
. 8 2 | . 1 . | . . .
. 1 . | 6 . . | . 8 4
---------------------
. 9 . | 2 . 7 | . . .
. 5 . | . . . | . 4 6
. 1 . | . . . | . . 5
```

Go to the link or scan the code below to download the answers

https://solved1.gr8.com

If you enjoyed this activity book, please leave us a review on Amazon. It really helps us bring out better books.

Check out

sharpmynd.com

for more books like these

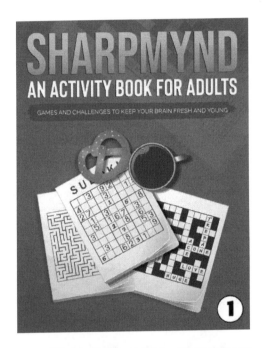

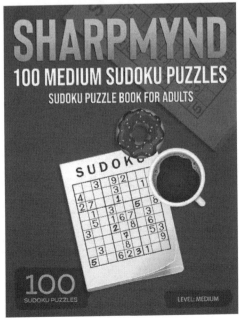

Made in the USA
Middletown, DE
28 January 2021